Dieu et les juifs

« *La Source de vie* »

JOSY EISENBERG

Dieu et les juifs

Entretiens avec

Armand Abécassis, Gilles Bernheim, Benjamin Gross,
Michel Gugenheim, Marc-Alain Ouaknin, Joseph Sitruk

Albin Michel

Collection « Présences du judaïsme »,
Série « La Source de vie »
En partenariat avec Menorah-FSJU

Ouvrage publié avec le soutien
de la Fondation pour la mémoire de la Shoah

L'éditeur remercie Gilbert Werndorfer
pour son aimable collaboration.

© Éditions Albin Michel, 2009

Avant-propos

Paradoxalement, on ne parle pas beaucoup de Dieu chez les Juifs. On parle beaucoup *à* Dieu, certes : entre les trois prières quotidiennes et les innombrables bénédictions liées à chaque geste de la vie (se lever, s'habiller, manger…), le Juif pratiquant prononce plus d'une centaine de fois son Nom dans la journée. S'ajoutent à cela les innombrables habitudes de langage qui font de Dieu une présence constante (« Comment vas-tu ? – *Baroukh Hachem*, Dieu bénisse… – Et ta femme ? – *Baroukh Hachem*… – Et les enfants ? – *Baroukh Hachem*… »). On pourrait presque dire que le Juif « parle Dieu ».

Par contre, quand il s'agit de dire qui est Dieu, comment Il se manifeste, pourquoi Il agit, etc., les interlocuteurs traditionnels, rabbins et savants, font souvent montre d'une grande pudeur, voire d'un certain embarras. Le judaïsme est-il réfractaire au discours théologique ? S'agit-il de préserver l'intimité d'une relation amoureuse entre Dieu et les Juifs dont il serait inconvenant d'étaler les élans en place publique ?

Pourtant, les textes de la tradition parlent beaucoup de Dieu... mais d'une façon très particulière, et parfois surprenante. C'est ainsi qu'on nous décrit Dieu priant ou étudiant... Comment comprendre ces anthropomorphismes du Talmud ? C'est, entre autres, à cette question que ce volume de la série « La Source de vie » tente de répondre. Avant cela, bien entendu, le regard doit se porter sur ce que dit la Bible elle-même, que Josy Eisenberg définit très justement comme l'« autobiographie de Dieu ». Quelle « image » Dieu veut-Il donner de Lui-même quand Il se présente comme Créateur, comme Libérateur ou comme Législateur ? Et pourquoi les anges Le qualifient-ils de « Saint, saint, saint » ? Enfin, il convient de s'interroger sur notre rapport à Dieu : doit-on Le considérer comme infiniment éloigné de notre réalité ou au contraire très proche de nous ? Comment Lui parler, comment vivre en bonne entente avec Lui, comment danser avec Lui ?

Pour répondre à toutes ces questions, Josy Eisenberg a dialogué avec les représentants les plus éminents du judaïsme français contemporain, qu'ils soient grands rabbins – Gilles Bernheim, Michel Gugenheim, Joseph Sitruk – ou philosophes – Armand Abécassis, Benjamin Gross, Marc-Alain Ouaknin. Ensemble, ils nous ouvrent de nouvelles voies d'accès, sinon à Dieu Lui-même, du moins à un sentiment plus intime de sa présence.

Gilbert Werndorfer

Dieu le Père ?

Avec le grand rabbin Joseph Sitruk

JOSY EISENBERG : On oppose souvent la loi et la foi. Or le judaïsme, on le sait, est une religion de la Loi. Ne peut-on pas penser que la foi est quelquefois occultée et que l'on fait trop souvent ses prières machinalement, qu'on accomplit les commandements par routine, sans trop penser à la présence de Dieu ?

JOSEPH SITRUK : En fait, c'est le risque inhérent à toute expérience religieuse. Dieu, bien évidemment, est le principe de base de la religion ; mais, comme un axiome en mathématiques, une fois qu'on l'a posé, on a tendance à ne plus en parler. Vous avez, peut-être à dessein, employé l'expression de « présence de Dieu » ; en fait, je crois que c'est comme cela que le judaïsme se situe : beaucoup moins que de l'existence de Dieu, il parle de la présence de Dieu. Comme si, pour le judaïsme, ce qui était important, ce n'était pas tellement de faire de Dieu une question de croyance ou d'adhésion à une philosophie, mais plutôt d'une forme de vécu. Ce qui est important, c'est la façon dont Dieu tient une place dans mes actes, dans quelle mesure Il constitue pour moi un paramètre que je prends en compte.

Dans le lieu, très accueillant, où nous avons le plaisir d'avoir ces entretiens, j'aperçois une bordure de roses ; or, le Talmud*[1] dit justement que les limites de la bonne pratique religieuse sont une bordure de roses, c'est-à-dire que la frontière est extrêmement fragile. Une bordure de roses, cela peut s'écraser, cela peut se piétiner : on peut piétiner la présence de Dieu, on peut l'écarter de notre vie. Le pari que constitue le judaïsme, c'est de montrer qu'à partir d'une décision librement consentie, l'homme peut intégrer une philosophie, une croyance dans un mode de vie, et de réactualiser celui-ci à chaque instant – ce qui est le plus difficile.

J.E. : Mais qu'en est-il du rapport personnel de l'homme avec Dieu ? Dans la Bible, Dieu parle à des hommes et les hommes Lui répondent. Quand Dieu parle à Abraham, quand Dieu parle à Moïse, quand Dieu parle au prophète, ils sont dans une situation de dialogue. Pour les hommes de la Bible, c'était peut-être plus facile. Mais pour l'homme moderne, la voix de Dieu est répercutée par la tradition, à la fois amplifiée et recouverte par des dizaines et des dizaines de commentaires, et je me demande si la voix de Dieu se fait encore entendre dans la vie de chacun et si nous

---

1. Les noms et les termes suivis d'un astérisque font l'objet d'une explication dans le glossaire, p. 155.

sommes capables, à travers la Loi, de penser véritablement à Dieu.

Je me suis posé la question pour moi-même, et j'aimerais que vous nous disiez aussi qui est Dieu, pour vous, dans votre vie – et j'aimerais même vous demander depuis quand. En ce qui me concerne – c'est ma seconde confidence –, on m'a appris Dieu à la maison. Je dis toujours que lorsque Dieu vous est transmis par vos parents, c'est évidemment plus facile que quand on doit Le chercher soi-même. Ainsi, j'ai eu la chance d'avoir des parents extrêmement religieux, et depuis l'âge de trois ans, je n'avais pas deux parents à la maison, mais trois : mon père, ma mère, et mon Père, non pas « notre Père qui est aux cieux », mais notre Père qui était avec moi, dans ma chambre. Quand je faisais mes prières le soir, avant de me coucher, que j'allais le matin à la synagogue, avec mon père, j'avais l'impression que Dieu était comme un ami invisible, qui était dans mon dos et qui m'accompagnait partout. Est-ce que vous avez eu un sentiment similaire ?

J.S. : Je crois que ce n'est pas un hasard si le Midrach* dit qu'Abraham a connu Dieu tout enfant, à l'âge de trois ans. Je ne sais pas quand j'ai connu Dieu, mais j'ai l'impression de L'avoir toujours connu, d'être né avec Lui. D'ailleurs, notre tradition dit que le premier cri que l'on pousse en arrivant dans ce monde est une forme de reconnaissance de sa présence, et que l'on vit avec.

Les souvenirs les plus lointains que je puis retrouver dans ma mémoire d'enfant sont ceux d'un être qui avait besoin de prier. En fin de compte, un peu comme celui qui fait des vers sans s'en apercevoir, on prie sans s'en apercevoir : être en prière, c'est avoir besoin de communier avec quelque chose, avec quelqu'un qui vous est extrêmement intime, avec un autre soi-même, qui, bien qu'extérieur à vous, vous est d'une très grande proximité. Finalement prier, pour moi, ce n'est pas réfléchir sur Dieu, ce n'est pas penser à Dieu, c'est vivre avec Lui. J'ai besoin de Lui confier mes états d'âme, mes échecs, mes espérances, et aussi Lui dire un petit peu comment j'aimerais faire ma vie. Dans mon enfance, une histoire m'a beaucoup frappé. Un berger qui gardait ses troupeaux dit à Dieu : « On m'a dit que Tu étais mon père, et je ne Te connais pas. J'aimerais Te connaître : apprends-moi à Te connaître. »

Comme vous le disiez très bien tout à l'heure, j'ai l'impression que vivre avec Dieu, c'est un peu se découvrir un autre père, et que l'on forge soi-même. On dit que Dieu a forgé l'homme à son image : je crois que, d'une certaine façon, l'homme forge Dieu à son image. La difficulté, dès lors, c'est de ne pas faire de Dieu une image ou une idole, de réussir à ne pas s'assimiler à Dieu et ne pas assimiler Dieu à soi, tout en sentant cette incroyable présence chaleureuse et intime.

J.E. : Vous avez parlé de Dieu dans la prière. Dans le judaïsme, le rapport de l'homme à Dieu passe par trois dimensions : l'*étude*, parce que dans les textes nous retrouvons l'écho de la parole de Dieu ; l'accomplissement des *commandements*, parce qu'à travers eux, c'est la volonté divine qu'on accomplit, et qu'on se trouve donc dans un état quasi fusionnel avec Dieu ; et la *prière*, qui est un exercice spirituel extrêmement important.

Or, le texte des prières est figé depuis que les Sages de la Grande Assemblée[1] en ont rédigé le texte définitif. Ainsi, vous et moi, nous récitons jour après jour les mêmes prières, au mot près. Les Sages du Talmud ont bien raison de nous mettre en garde, dans le *Traité des Pères** : « Ne fais pas de ta prière quelque chose de machinal. » En effet, beaucoup pensent que ce texte imposé ne laisse aucune place à la spontanéité. Par exemple, une des bénédictions de la *Amida*[2] concerne la

---

1. Sages de la Grande Assemblée : les Perses, après avoir conquis la Babylonie au début du Ve siècle avant l'ère commune, autorisèrent les Juifs en exil à retourner en terre d'Israël. Vers – 459, le prêtre et scribe Ezra prit la tête du groupe le plus important à revenir d'exil et établit, conjointement avec les derniers prophètes Aggée (Haggaï), Zacharie et Malachie, une assemblée de soixante-douze membres pour gouverner le peuple. Cette « Grande Assemblée » (*Knesset ha-Gedola*), qui exista jusqu'à ce qu'Alexandre le Grand conquière la région en – 331, mit en place de nombreuses institutions, comme le texte définitif de la prière et la fête de Pourim.

2. *Amida* : littéralement « [prière] debout ». Il s'agit, avec la récitation du *Chema' Israël*, de l'élément essentiel de la prière juive. Elle est composée de dix-neuf bénédictions qui se terminent par « Béni sois-Tu, Éternel, qui... ». Elles portent, dans

santé. À cette bénédiction, tout le monde est sensible, parce que chacun est concerné. Le texte est très beau : « Guéris-nous, Seigneur, et nous serons guéris. Sauve-nous, et nous serons sauvés... car Tu es Celui qui guérit les malades. » Or, selon la Loi, si on veut prier pour la guérison de quelqu'un en particulier, on peut très bien insérer dans le texte classique une demande personnelle : « Guéris Untel fils d'Unetelle... »

J.S. : J'irai même encore plus loin. Un grand maître hassidique* a comparé un Juif en prière à quelqu'un qui cueille des fleurs dans un jardin. Même si la fleur est extérieure à moi, cela ne veut pas dire pour autant que ma sensibilité n'est pas engagée quand je la cueille. De même, un texte est là pour suggérer quelque chose ; même si je ne suis pas le compositeur de ce texte, je peux néanmoins l'actualiser, en faire ma propre existence et, à la limite, lui donner sa véritable dimension. Je ne suis pas le jardinier qui a planté ces fleurs, je ne suis pas Dieu qui les a créées, et pourtant

---

l'ordre, sur : la bonté divine, la puissance divine, la sainteté divine, la connaissance, la repentance, le pardon, la délivrance, la guérison, la fortune, le rassemblement des exilés, la manifestation de la royauté divine, l'exclusion des hérétiques, la protection des justes, la reconstruction de Jérusalem, l'arrivée du Messie, l'acceptation des prières, le rétablissement du service du Temple, la reconnaissance des bienfaits divins, l'avènement de la paix. Cette prière est appelée *Chemoné Essré*, « Dix-Huit [Bénédictions] », le passage concernant l'exclusion des hérétiques ayant été ajouté plus tard.

je suis celui qui va composer le bouquet, qui va en respirer le parfum et qui, finalement, va leur donner leur véritable raison d'être.

En fin de compte, la prière relève plus de ce que l'on appelle, en hébreu, un *séder*, c'est-à-dire un ordre : elle nous aide à mettre de l'ordre dans nos idées. Quand on se lève le matin, on peut être préoccupé par beaucoup de choses : le texte de la prière est une sorte de guide pour s'orienter dans la vie. Rabbi Salomon ibn Gabirol[1], dans un très beau texte, *Keter Malkhout* (Couronne royale), que nous récitons le matin de Kippour, compare les hommes perdus à des personnages dans un immense bois qui cherchent le chemin conduisant au palais du roi. Il dit que les mots de la prière sont comme des petits cailloux semés sur le sentier qui permettent de s'orienter dans la forêt de la vie et d'atteindre Dieu.

Vous parliez de la prière pour les malades. Il faut en effet remarquer que la prière n'implique pas uniquement l'individu et Dieu, mais aussi la communauté des hommes. Une maxime rabbinique dit que Dieu, Israël et la Torah sont liés. Quand un Juif prie, sa relation n'est pas seulement verticale, elle est également horizontale, et elle est également codifiée.

J.E. : Revenons, pour conclure, sur l'idée de Dieu comme Père. On croit souvent que « notre Père » est

---

1. Salomon ibn Gabirol (1021-1058 env.) : philosophe et poète juif dans l'Andalousie musulmane, connu dans l'Occident latin sous le nom d'Avicebron, il a été l'un des introducteurs du néoplatonisme en Europe.

une formule spécifiquement chrétienne, alors que quand Jésus l'emploie dans l'Évangile, il ne fait que reprendre une formule juive classique. Jacques Prévert a eu un jour un mot très injuste : « Notre Père qui êtes aux cieux, restez-y. » Or, le projet du judaïsme, c'est exactement le contraire : « Notre Père, vous êtes aux cieux, mais vous n'y restez pas, vous êtes avec nous. »

J.S. : Absolument. Et la prière, c'est ce qui consiste à faire de la transcendance une immanence : Dieu ne reste pas sur son Trône de gloire, perché dans le ciel, mais je cherche à créer avec Lui cette relation personnalisée. La paternité est une relation qui ne se dément jamais : je peux ne pas aimer mon père, je peux être loin de lui, je peux l'oublier, mais il continue d'exister et, quoi qu'il arrive, il sera toujours mon père.

Le modèle divin

Avec le grand rabbin Joseph Sitruk

JOSY EISENBERG : Comment la tradition juive se représente-t-elle Dieu ? Il est écrit dans les Dix Commandements qu'il ne faut se faire aucune image de Dieu :
« *Tu ne te feras point d'image taillée, ni de représentation quelconque des choses qui sont en haut dans les cieux, qui sont en bas sur la terre, et qui sont dans les eaux plus bas que la terre. Tu ne te prosterneras point devant elles, et tu ne les serviras point ; car Moi, l'Éternel, ton Dieu, Je suis un Dieu jaloux, qui punis l'iniquité des pères sur les enfants jusqu'à la troisième et la quatrième génération de ceux qui Me haïssent, et qui fais miséricorde jusqu'à mille générations à ceux qui M'aiment et qui gardent mes Commandements* » (Exode 20, 4-6).

Malgré tout, nous avons quand même une certaine conception de Dieu, nous nous Le « représentons » d'une certaine manière. Ainsi, nous disons de Dieu qu'Il est vivant. Emmanuel Berl[1] m'a un jour dit :

---

1. Emmanuel Berl (1892-1976) : journaliste, historien et essayiste français issu de la grande bourgeoisie juive, compagnon de

« Vous savez, on répète tout le temps que Dieu est mort... Mais on n'en parlerait pas autant s'Il était vraiment mort... » Dieu est vraiment très présent dans la vie juive. J'aimerais, monsieur le grand rabbin Sitruk, que nous étudiions ensemble un aspect important de la conception juive de Dieu, à savoir Dieu comme modèle.

JOSEPH SITRUK : Toute notre vie religieuse est fondée sur l'exemple que Dieu donne à l'homme. En fin de compte, dès le début du récit biblique, Dieu intervient dans l'histoire, dans la vie des hommes, et les hommes sont en quelque sorte les imitateurs de Dieu. Mais que veut dire « imiter Dieu » ?

Ne faudrait-il pas pour cela pouvoir Le voir ? C'est une tendance universelle chez l'homme que de vouloir connaître Dieu, et même de voir Dieu. Moïse lui-même n'y a pas résisté. Après l'épisode du Veau d'or, il a demandé à voir la face de Dieu. Et Celui-ci lui a répondu par une énumération de ses attributs :

« *Moïse dit : Fais-moi voir ta gloire ! L'Éternel répondit : Je ferai passer devant toi toute ma bonté, et Je proclamerai devant toi le Nom de l'Éternel ; Je fais grâce à qui Je fais grâce, et miséricorde à qui Je fais miséricorde. L'Éternel dit : Tu ne pourras pas voir ma face, car l'homme ne peut Me voir et vivre. L'Éternel dit : Voici un lieu près de Moi ; tu te tiendras sur le rocher. Quand ma gloire*

---

route des surréalistes dans l'entre-deux-guerres, il est entre autres l'auteur du *Bourgeois et l'Amour* et de *Rachel et autres grâces*.

passera, Je te mettrai dans un creux du rocher, et Je te couvrirai de ma main jusqu'à ce que J'aie passé. Et lorsque Je retournerai ma main, tu Me verras par derrière, mais ma face ne pourra pas être vue. [...] L'Éternel descendit dans une nuée, se tint là auprès de lui, et proclama le Nom de l'Éternel. Et l'Éternel passa devant lui, et s'écria : L'Éternel, l'Éternel, Dieu miséricordieux et compatissant, lent à la colère, riche en bonté et en fidélité, qui conserve son amour jusqu'à mille générations, qui pardonne l'iniquité, la rébellion et le péché (Exode 33, 18 ; 34, 7).

Autrement dit, on ne peut pas Me voir et vivre, mais on peut au moins avoir une idée de ce que Je suis. Et ce que Je suis, c'est un être longanime : Je suis patient, Je suis miséricordieux...

On est très loin du « Dieu vengeur » que certains ont voulu voir dans le Dieu biblique. Plus précisément, dans ce passage, Dieu énonce treize « attributs », *midot* en hébreu, qu'on appelle les « treize attributs de miséricorde » : treize formes différentes de l'amour, de l'indulgence, de la patience et du pardon. Et nos maîtres disent que le programme qui est proposé à l'homme, c'est d'essayer d'agir comme Dieu agit.

J.E. : Ce que vous nous dites nous amène à avoir peut-être une autre lecture de la Bible que celle que se font la plupart des gens, qui y voient un livre d'histoire, ou de révélation de la Loi. En fait, c'est comme si Dieu décrivait dans la Bible comment Il agit dans le seul but de nous dire : « Ressemblez à cela. » L'imitation de Dieu, l'*imitatio Dei*, n'est donc pas une notion spécifiquement chrétienne : si l'homme est fait à l'image de Dieu, c'est justement pour que cette image puisse refléter les vertus divines.

D'ailleurs, dans la Torah, Dieu nous demande de nous attacher à Lui, littéralement de nous « unir à Lui » : « Tu craindras l'Éternel, ton Dieu, tu Le serviras, tu t'attacheras à Lui, et tu jureras par son Nom » (Deutéronome 10, 20).

Et les rabbins du Talmud posent la question : « Comment est-il possible de s'attacher à Dieu ? Dieu Lui-même dit, dans la Bible, qu'Il est un "feu dévorant" (Deutéronome 4, 24) ! On ne peut pas se coller au feu ! » – car c'est vrai que la présence divine peut en quelque sorte nous dévorer. Mais si on ne peut pas s'unir à l'essence infinie de Dieu, on peut et on doit imiter les vertus divines.

J.S. : Et cette imitation est le moyen d'être au plus près de Dieu. Je voudrais rapporter une anecdote du Talmud qui a l'air de mettre, au contraire, Dieu à distance, mais qui va nous permettre de mieux comprendre comment approcher Dieu. Rabbi Eliezer et ses compagnons entrèrent un jour dans un grand débat à propos d'un détail de la Loi.

« *Ce jour-là, rabbi Eliezer rapporta toutes les preuves nécessaires, mais les autres Sages refusaient de se plier à ses arguments. Il leur dit : "Si j'ai raison, que ce caroubier le prouve !" Et le caroubier tout proche se déplaça de cent coudées. Ils lui rétorquèrent : "Un caroubier ne peut rien prouver du tout !" Il revint à la charge et dit : "Si j'ai raison, que ce cours d'eau le prouve !" Et la rivière inversa son cours. Mais ils insistèrent : "On ne peut rien prouver à partir d'un cours d'eau !" Il persista : "Si j'ai raison, que les murs du beit ha-midrach[1] le prouvent !" Les murs commencèrent à s'incliner, mais rabbi Yehochoua les réprimanda : "En quoi est-ce que vous avez votre mot à dire dans une discussion entre Sages ?" Les murs ne s'écroulèrent pas, par respect pour rabbi Yehochoua, mais ils ne se redressèrent pas non plus, par respect pour rabbi Eliezer. Aujourd'hui encore, on peut les voir ainsi inclinés. Rabbi Eliezer revint devant les Sages et leur dit : "Si j'ai raison, que le Ciel en atteste !" Et une voix céleste retentit : "Qu'avez-vous à importuner rabbi Eliezer ? La Loi suit toujours son avis !" Alors rabbi Yehochoua se mit debout et dit : "La Torah n'est pas aux cieux (Deutéronome 30, 12) !" Qu'est-ce que ça veut dire : elle n'est pas aux cieux ? Rabbi Yirmiyah a expliqué ainsi : "Depuis que la Torah a été donnée au mont Sinaï, on n'a plus à se fonder sur des révélations célestes, dans la mesure où la Torah elle-même dit : On suivra l'avis de la majorité." »*

Ainsi, les rabbins « renvoient la balle » à Dieu en Lui disant, de façon extrêmement respectueuse, bien sûr : « De quoi te mêles-Tu ? » Ils ont remis, en quelque sorte, Dieu à sa place. L'histoire est une histoire humaine, il ne faut pas d'ingérence divine. La présence divine dans l'histoire est un fait patent, mais

---

1. « Maison d'étude » où les gens se retrouvent pour étudier seuls ou en groupe.

Dieu ne doit pas être écrasant : il est nécessaire de remettre Dieu à sa place.

Mais comment Dieu prend-Il cela ? Le Talmud le rapporte aussi. À la suite de cet épisode, il dit :

« *Rabbi Nathan rencontra le prophète Élie*[1] *et lui demanda : "Qu'est-ce que Dieu est en train de faire en ce moment ?" Élie lui répondit : "Il rit et dit : Mes enfants M'ont vaincu, mes enfants M'ont vaincu !"* »

Qu'est-ce que veut dire « vaincre Dieu » ? Lorsqu'un homme, par son comportement, parvient à être d'une intégrité absolue, quand il renonce à faire passer sa volonté avant toute chose afin d'accomplir la volonté divine dans un souci de vérité, de justesse et de justice, alors Dieu aussi renonce à sa propre volonté pour accomplir celle de l'homme. Voilà ce que nous enseigne le prophète Élie. Le « vous M'avez vaincu » de Dieu signifie : « Vous avez réussi à comprendre ce que J'attends de vous dans ce monde et c'est vous qui faites l'histoire. »

J.E. : On voit donc que le Dieu du Talmud est un Dieu de concertation, de dialogue. On est loin de

---

1. Élie : dans le Livre des Rois, le prophète Élie s'oppose au roi idolâtre Achab et lutte contre les prophètes de Baal. Il est finalement emmené vivant au Ciel dans un chariot de feu. Le prophète Malachie le présente comme l'annonciateur du Messie. Selon la tradition juive, Élie n'est jamais mort. Il enseigne aux mystiques les secrets cabbalistiques, apparaît parfois déguisé en mendiant ou en colporteur, et est présent à chaque circoncision en tant que témoin de la fidélité des Juifs à l'Alliance.

l'image d'un Dieu tyrannique. Mais même dans la Bible, on voit que Dieu prend constamment conseil auprès des hommes : Il consulte Abraham à propos de la destruction de Sodome, Moïse négocie avec Lui pour qu'il continue à accompagner les Hébreux...

Mais revenons à la question de l'imitation de Dieu. Si Dieu se révèle dans la Torah, ce n'est pas seulement pour dire qu'Il est grand et généreux, c'est pour dire que nous aussi nous devons être grands et généreux. Un célèbre texte du Midrach nous fait remarquer que le premier acte de Dieu après avoir créé le monde, c'est de vêtir Adam et Ève, et que son dernier acte dans la Torah, c'est d'ensevelir Moïse après sa mort. C'est cela, nous dit le Midrach, le début et la fin de la Torah : vêtir ceux qui sont nus, rendre les derniers devoirs à ceux qui ont disparu.

J.S. : Je vais encore prendre en exemple une autre qualité de Dieu à imiter : la modestie. Dieu, Créateur de l'univers, est capable à chaque instant de le faire retourner au néant. Il pourrait occuper toute la place, se poser comme une évidence incontournable, tyrannique. Nous Lui devons l'existence, et Il pourrait choisir de nous le rappeler constamment. Mais Il ne le fait pas. Il reste en retrait. Ce qui est frappant dans la conception juive de Dieu, c'est la place extrêmement modeste que Lui-même s'est assignée. Dieu disparaît derrière ses actes.

Dans l'histoire, les hommes ont tendance à affirmer d'abord leur identité : « Voilà ce que nous sommes, et nous sommes fiers de l'être », et ils agissent ensuite en fonction de cette identité qu'ils se sont attribuée. Dieu fait exactement le contraire : Il agit d'abord, et après seulement Il dit qui Il est. C'est ce que rabbi Yéhouda Halévi* explique dans son livre, le *Kuzari* : Dieu n'a pas commencé par dire : « Je suis l'Éternel, ton Dieu » ; avant cela, Il a en quelque sorte « fait ses preuves » – Il a créé le monde, puis Il a créé l'homme, puis Il a fait sortir les Juifs d'Égypte, puis Il a fendu la mer Rouge, etc. Et ce n'est qu'ensuite, au Sinaï, qu'Il se permet de dire : « Je suis l'Éternel, ton Dieu, qui t'ai fait sortir d'Égypte. »

Je voudrais à ce sujet raconter une petite anecdote, que je trouve très belle. Un jeune homme, après avoir étudié des années en *yéchiva**, s'en retourne chez lui, persuadé d'être devenu un savant, un maître, un sage. En chemin, il rate son train et arrive dans son petit village natal en pleine nuit. Il n'y a aucune lumière aux fenêtres, sauf chez le vieux rabbin qui lui a appris à lire. Il se dit : « Je vais le saluer avant d'entrer. » Mais plutôt que de frapper normalement à la porte, il décide de lui faire une surprise et frappe à la fenêtre, sans dire qui il est. Le vieux rabbin se lève de sa table, va à la fenêtre, prudemment n'ouvre pas, et demande : « Qui est là ? » Et l'élève répond : « C'est moi. » Alors, le rabbin se rassoit. L'élève frappe une nouvelle fois. Le rabbin se relève, pose la même question : « Qui est là ? » et l'élève donne la même réponse : « C'est moi. » Le rabbin se rassoit. La troisième fois, l'élève frappe, mais finit par dire son nom. Alors le maître ouvre la fenêtre et dit : « Il n'y en a qu'un qui peut dire "C'est moi !", c'est Celui qui a dit : "C'est moi l'Éternel, ton

Dieu, qui t'ai fait sortir d'Égypte" ! Si tu n'as pas compris cela, c'est que tu n'as pas encore assez étudié. Retourne à la *yéchiva* ! » Et l'élève, au lieu de rentrer chez lui, a repris le train dans l'autre sens.

J.E. : Ce qui prouve bien qu'on risque quelquefois, en devenant un grand savant et un grand érudit, de perdre de vue l'essentiel : le rapport personnel avec Dieu.

J.S. : Effectivement. Cette notion de rapport personnel avec Dieu est une nécessité de la vie religieuse. Finalement, ce que la Torah demande à l'homme, c'est de se souvenir que chaque fois qu'il accomplit une *mitsvah**, il ne doit pas s'en glorifier mais s'effacer derrière elle. Il est un associé dans le projet divin, il a un rôle indispensable, mais il ne doit pas en tirer de l'orgueil, il ne doit pas le détourner à des fins personnelles. Aujourd'hui, on vit dans un monde où l'on juge les personnes plutôt que les actes. En politique, on entend qu'Untel est « mieux » qu'Untel, mais les réalisations et les projets des uns et des autres disparaissent complètement derrière les conflits de personnes, la compétition. Je crois qu'en lisant la Bible, on peut renouer avec cette notion que c'est l'idéal qui donne sa valeur à la personne et non l'inverse. De même, la Torah ne commence pas par « *Elohim bara beréchit* », « Dieu créa au commencement », mais par « *Beréchit bara Elohim* », littéralement « Au commencement créa Dieu » : Dieu se dissimule derrière sa Création. Prendre Dieu comme modèle veut dire, entre autres, s'effacer derrière ce que l'on fait, et penser que ce que l'on fait est plus important que ce que l'on est.

Je voudrais ajouter un élément. On dit que quelqu'un qui est dans la lumière ne voit pas ce qui se passe dans l'obscurité. Or Dieu est dans la lumière. Bien plus : Il est la « Lumière du monde », et pourtant Il voit ce qui est dans l'obscurité. On trouve dans le Talmud une très belle parabole. Un jour, un rabbin aveugle s'est présenté dans une synagogue. Le rabbin de cette synagogue, voulant l'honorer, a fait en sorte qu'on le fasse s'asseoir auprès de lui et, à la fin de l'office, il l'invita à prendre la parole. Le rabbin aveugle, ayant compris qu'on lui faisait un grand honneur, dit : « Vous avez honoré celui qu'on voit et qui ne voit pas. Que Celui qui voit et qu'on ne voit pas vous le rende. » De cette façon, il y a une sorte de parallèle entre ce que l'homme doit incarner dans le monde et le modèle divin.

J.E. : On peut donc dire que la Bible est une « autobiographie de Dieu », et que, tout comme jadis on faisait lire aux princes les vies des hommes illustres pour apprendre comment ils devaient, plus tard, gouverner le monde, nous devons nous aussi lire la Torah pour savoir comment Dieu s'est comporté envers nous afin de savoir comment nous comporter envers Dieu et envers notre prochain.

« Au commencement... »

Avec Armand Abécassis

Josy Eisenberg : J'aimerais, Armand Abécassis, que nous parlions de ce que nous enseigne Dieu lors de ses premières révélations. La première fois où Dieu se manifeste, dans les écrits bibliques, c'est lorsqu'Il crée le monde. Qu'est-ce que les premiers versets de la Genèse : « Au commencement, Dieu créa le ciel et la terre... » viennent nous enseigner sur Dieu ?

Armand Abécassis : Il faut accorder aux matérialistes et aux athées que l'idée de création est impossible à imaginer. Je ne peux pas fermer les yeux et voir Dieu en train de créer le monde, ce serait délirant. L'idée de création est absolument abstraite, voire impensable. Même quand les scientifiques nous parlent du Big Bang, ils sont incapables d'expliquer d'où vient cette particule primordiale ou cette étincelle d'énergie qui aurait explosé pour donner naissance à l'univers. On se heurte toujours au problème de la cause première. Les philosophes, à partir d'Aristote, ont trouvé une astuce. Ils ont posé qu'au début de la chaîne des causes existe une « cause des causes » qu'ils appellent Dieu. Mais en même temps, pour les Grecs, le monde est éternel, sans commencement ni fin. Dieu est donc, pour eux, une hypothèse scientifique, logique, mais Il n'est pas le créateur du monde. Au contraire, Il fait partie du monde en tant qu'ensemble des causes et des effets. En fait, que l'on dise que le monde est éternel ou qu'il a été créé, ces deux idées ne peuvent pas être représentées par la pensée.

J.E. : Cela nous renvoie à la célèbre question que tout le monde se pose à un moment, et que mon petit-fils m'a posée il n'y a pas si longtemps : « Dieu a créé le monde, d'accord ; mais qui a créé Dieu ? » Peut-être que cette question, si jamais elle a un sens, marque les limites de notre compréhension, et qu'il existe des problèmes sans solution pour nous. Peut-être qu'il faut accepter l'injonction du Siracide[1] : « Sur ce qui te dépasse, ne t'interroge pas ; sur ce qui t'est caché, n'enquête pas. » En même temps, la Torah donne quelques détails sur le déroulement de la Création, et il faut bien essayer de comprendre ces versets. Par exemple, on voit que Dieu a créé le monde par la parole.

A.A. : Cela ne nous avance pas beaucoup. En quoi la parole peut-elle être créatrice ? Il y a quand même

---

1. Siracide : également appelé « Sagesse de Ben Sira » ou encore « Ecclésiastique », ce livre ne fait pas partie de la Bible hébraïque mais est souvent cité dans le Talmud.

une grande différence entre le mot et la chose ! Comment passe-t-on de l'un à l'autre, de la parole à la réalité physique ?

J.E. : On peut se figurer cela par une parabole. On peut comprendre que, de même qu'une personne est poussée à agir quand quelqu'un lui donne un ordre, de même le monde s'est mis à exister quand Dieu lui a donné l'ordre d'exister. Quand Dieu dit : « Que la lumière soit ! », la lumière apparaît. Cela signifie simplement que la lumière existe en Dieu ; lorsqu'Il parle, ce principe s'extériorise.

A.A. : C'est une très belle explication midrachique que vous venez de donner. Mais pour que le monde puisse obéir à un ordre divin, il faudrait qu'il existe déjà d'une certaine manière, donc qu'il existe sans exister. On est dans un raisonnement circulaire. En vérité, la Création est un principe de la foi, qui ne peut pas être prouvé rationnellement. Ce qui nous intéresse en réalité, c'est de savoir pourquoi la foi en la Création est essentielle. C'est la question que pose Rachi* dans son commentaire du début de la Genèse. Il demande : « Pourquoi est-ce que la Torah avait besoin de commencer par la Création du monde ? Puisque la Torah est la Loi donnée par Dieu à Israël, qu'elle commence par le premier des commandements donnés aux Hébreux ! » Ce que sous-tend l'interrogation de Rachi, c'est l'idée que si la Torah nous raconte la Création, ce n'est pas pour des raisons historiques ou scientifiques ; ce n'est pas le passé, en tant que tel, qui l'intéresse, mais le fait que l'événement de la Création m'engage aujourd'hui.

Si le monde est éternel, il est tragique : je suis déterminé par ses lois, je suis une production du monde, j'obéis à la loi de la nécessité, je n'ai plus de liberté. Dire que quelqu'un que l'on appelle Dieu – on ne sait pas encore qui – a créé le monde, c'est dire que le monde est organisé selon un projet. Et ce projet, finalement, c'est l'homme.

J.E. : S'il n'y a pas de Créateur, il y a quelque part un grand pessimisme : nous savons que nous allons mourir, comme n'importe quel animal, et il nous faut, malgré tout, donner un sens à notre vie. Il n'est certes pas impossible de trouver un sens à la vie dans ce contexte : il y a des athées pour lesquels la vie a un sens, qu'ils trouvent dans l'engagement politique, en défendant la justice, etc. ; mais c'est un sens qui est limité à l'existence terrestre. Croire qu'il y a un projet à l'origine du monde donne effectivement une autre dimension à l'existence humaine.

A.A. : Si Dieu a créé le monde, et m'a créé dans ce monde, à l'intérieur de son projet, c'est qu'Il attend de moi une participation à ce projet. Je ne suis pas une marionnette, destinée à vivre malgré moi dans un monde déjà achevé, déterminé. Dieu m'a créé avec ma liberté, Il attend que je sois son partenaire dans l'œuvre de la Création. Ainsi, Dieu n'a pas créé le monde immédiatement parfait. Dieu ne me fait pas violence : Il s'arrête de créer, de parfaire, parce qu'Il attend que je sois un véritable participant à son œuvre.

J.E. : Cette mise en place progressive de l'univers – le ciel, les étoiles, les mers, ensuite le monde animal et enfin l'homme – ne prouve-t-elle pas que Dieu aime ce monde ? Sinon pourquoi l'aurait-Il créé et s'y serait-Il investi ? Dieu ne « fabrique » pas le monde comme un directeur d'usine fabrique des voitures.

A.A. : Être, prendre conscience de soi, c'est prendre conscience de « moi » comme un être séparé de « toi » et relié à « toi ». Or, je suis séparé de toi, c'est un acte d'amour : il faut que j'accepte d'être séparé de toi. Permettre à l'autre d'exister indépendamment de soi et l'inviter à participer à un projet commun, c'est cela qu'a fait Dieu en créant le monde et l'homme, et c'est une preuve d'amour.

J.E. : Le fait que Dieu ait créé le monde par la parole veut dire aussi que le monde est un monde rempli de paroles. Selon la tradition juive, avant les Dix Commandements (*dibberot*) prononcés par Dieu au mont Sinaï, il y a les Dix Paroles (*maamarot*) par lesquelles Dieu a créé le monde. En effet, dans le récit de la Genèse, on trouve dix fois l'expression « Dieu dit ». Ces Dix Paroles primordiales continuent à s'inscrire continuellement dans le ciel. Le fait que ces Paroles soient le substrat matériel et spirituel du monde signifie aussi que la parole est le fondement de la condition humaine.

A.A. : La parole, c'est l'univers du sens. Dire que Dieu a créé le monde, c'est dire que le monde a un sens. Quand je parle, je suis en train de signifier, de donner sens et de produire du sens. La table a un sens dans la mesure où elle a une utilité, du fait que l'homme l'a fabriquée pour un certain usage. Mais le nuage, par exemple, n'a pas de sens s'il n'y a pas un homme pour l'appeler « nuage » et l'engager dans un processus de signification.

J.E. : D'où l'importance de la parole dans le judaïsme ; d'où, aussi, l'importance du fait que Dieu parle et que l'homme écoute. C'est bien pourquoi la prière fondamentale du judaïsme est : « Écoute Israël, l'Éternel notre Dieu, l'Éternel est Un. »
Maintenant, comment connaître Dieu ? On comprend, après ce que nous avons dit, qu'on peut Le connaître à travers l'étude de la Création. Dieu se révèle dans la nature : « Les cieux racontent la gloire de Dieu », lit-on dans les Psaumes. On peut Le connaître en voyant sa présence dans l'Histoire. Dans le judaïsme, on peut enfin connaître Dieu par la Bible, le Livre où Dieu parle de Soi-même ; la Bible est en quelque sorte aussi une « autobiographie de Dieu ».
Dans cette autobiographie, nous avons d'abord vu Dieu se manifester en tant que Créateur. Après avoir créé l'homme et la femme, Dieu se révèle aussi comme Celui qui donne la Loi – et, par conséquence, qui interdit et qui sanctionne. Or, cette idée d'un Dieu juge est difficile à admettre pour beaucoup d'entre nous aujourd'hui.

A.A. : Dieu en tant que Législateur et Dieu en tant que Créateur sont en fait les deux aspects d'une même idée. Créer, c'est organiser le monde, et par là même imposer la Loi au monde. Après l'acte initial de Création à partir du néant, l'œuvre divine consiste avant tout à introduire de la différence et de la limite dans le monde : entre les cieux et la terre, entre le jour et la nuit, entre les « eaux d'en haut » et les « eaux d'en bas », entre le minéral, le végétal et l'animal... De même, la création de l'être humain implique que soient formés un homme et une femme, différents et complémentaires. Différencier, donner une limite, dire à quelque chose : « Tu es cela et pas autre chose », c'est lui donner une loi à laquelle elle doit se conformer. C'est ce qu'on appelait avant la « loi de la nature », et qu'on appelle aujourd'hui les « lois physiques ». La Lune est soumise à la loi du mouvement qui la fait tourner autour de la Terre. L'eau, quand elle gèle à 0 °C, obéit elle aussi à une loi. Cette loi de la nature est donnée par Dieu dans les Dix Paroles de la Genèse.

La Loi qu'Il donne à l'homme, elle, est nécessairement différente dans la mesure où elle est donnée à un être libre – c'est-à-dire capable d'obéir, mais aussi de désobéir. Elle est d'abord donnée à Adam et Ève puis, de façon partielle, à Noé et à Abraham avant d'être révélée dans sa complétude au mont Sinaï : c'est le don de la Torah, résumée dans les Dix Commandements. Donc, en un certain sens, Dieu est avant tout le Législateur, de la nature comme de la société. Ce qu'il nous faut comprendre, c'est en quoi ce don de la Loi est un don d'amour.

J.E. : J'aime assez cette analogie que vous avez faite entre le Dieu créateur et le Dieu législateur, car ce rapprochement n'est pas toujours fait spontanément. À partir du moment où Dieu a créé une Loi pour les éléments de la nature, qui fait que les fourmis ne sont pas des éléphants, qui fait que l'eau coule de haut en bas et non pas le contraire, cela implique aussi qu'il y ait une sorte de « mode d'emploi » du monde. Dieu a créé également une Loi pour les dernières de ses créatures : les hommes. Les lois de la physique et de la chimie concernent la nature, tandis que les lois de l'éthique, de la morale, concernent l'homme. Celles-ci sont comparables au code de la route : Dieu crée la route qu'est le monde et transmet aux conducteurs que nous sommes les règles qui permettent de ne pas partir dans le décor.

A.A. : En même temps, la loi naturelle et la loi éthique fonctionnent de manière très différente. On a parfois l'impression que ce sont des homonymes. Il y a un ordre de fait, le monde obéit à des lois, et il y a un ordre de droit, c'est-à-dire le droit de l'homme, la dignité, la justice et la liberté. La loi qui dit « Je dois aider les pauvres » n'est pas du même ordre que la loi qui dit « Je dois mourir ». La seconde énonce un fait : tout le monde meurt, qu'il le veuille ou non. La première, qui m'enjoint d'aider mon prochain, de reconnaître sa dignité et de l'aimer, est une exigence de justice ; c'est un idéal, pas un fait. Ce problème de la loi, dans les deux sens que nous avons définis, a beaucoup préoccupé les philosophes depuis l'Antiquité.

Il faut comprendre que la Torah et les rabbins de l'Antiquité, historiquement, s'opposent à une vision du monde païenne, qui n'est pas athée mais panthéiste. C'est-à-dire que le paganisme ne dit pas, comme Dimitri dans *Les Frères Karamazov* de Dostoïevski : « Si Dieu n'existe pas, alors tout est permis. » Pour les païens, il y a bien une loi à laquelle les humains doivent se conformer, mais elle est absolument identique à la loi de la nature. Les dieux païens, eux aussi, sont soumis à cette loi. Dans le paganisme, on découvre la loi en étudiant la réalité naturelle et en divinisant la nature. On est donc dans une pure immanence. Cette veine se retrouve d'ailleurs dans toute la philosophie politique moderne, de Hobbes à Marx. Même quand elle revendique son athéisme, cette philosophie cherche à fonder la nature éternellement vraie, inconditionnelle de la loi qui doit guider l'action humaine, et en vient donc à donner une valeur absolue à des mécanismes naturels : la guerre de tous contre tous, le droit du plus fort, la dialectique historique, la lutte des classes...

J.E. : Si l'on devait se fonder sur la nature pour connaître le bien et le mal, on pourrait en déduire une loi profondément immorale. Faut-il être comme le lion qui dévore des gazelles, comme ces animaux qui mangent leurs petits ? La loi de la nature est une loi de violence, la « loi de la jungle ». On entend parfois dire que les Dix Commandements sont des lois

« naturelles », au sens de « rationnelles », c'est-à-dire qu'elles se déduisent de la raison naturelle, du bon sens : ne pas tuer, ne pas voler... D'ailleurs, dans la littérature rabbinique, on distingue les commandements de commémoration religieuse – *zikhronot*, « mémoriaux », ou *'edouyot*, « témoignages » –, comme la fête de Pessah qui célèbre la sortie d'Égypte ; les *houkim*, « décrets », dont on ne nous a pas donné la raison, comme l'interdit de mélanger le lait et la viande, et les *michpatim*, les « règles », que nous aurions mis en place de nous-mêmes même si Dieu ne nous les avait pas ordonnées – ne pas prendre la femme de son voisin, établir des tribunaux, protéger les plus faibles... Mais en même temps, cette tradition nous avertit : attention, même ces *michpatim*, ces lois qui sembles évidentes, « naturelles », sont en fait des *houkim*, des décrets de la volonté divine, qui doivent être appliquées selon leur logique propre, et non pas adaptées en fonction de ce qui nous semble « naturel ». D'ailleurs, l'histoire a montré, de façon tragique, qu'une société fondée sur le droit naturel pouvait très bien, dans un cadre légal, se livrer aux pires crimes : l'Allemagne nazie en est un exemple évident.

A.A. : Cette loi est une loi transcendante, dont la source est hors du monde. Ce qui veut dire aussi, puisqu'elle n'est pas déduite de ce qui existe sous mes yeux, qu'elle exprime un devoir-être différent de ce qui est actuellement, un idéal qui n'existe pas encore.

Elle est un horizon, un projet, une promesse d'avenir meilleur.

J.E. : Une autre question que l'on se pose souvent est : « De quel droit Dieu se permet-Il de me dire ce que je dois faire ou ne pas faire ? » On l'entend souvent à propos du fait de manger *cacher* : « Pourquoi est-ce que Dieu m'autoriserait à manger du bœuf et pas du cochon ou des crevettes, alors qu'Il a créé les deux ? » La réponse à ces questions tient justement au fait que Dieu est non seulement le Législateur, mais aussi le Créateur. Si le monde existe, et si nous existons dedans, c'est uniquement un effet de sa bonté. C'est Lui qui, à chaque instant, fait que nous continuons d'exister. De ce fait, il est légitime qu'on Lui obéisse. Mais surtout, puisqu'Il a créé le monde et nous dedans, Il connaît sa Création dans les moindres détails, et sait donc ce qui est bon pour elle – et pour nous.

A.A. : L'enjeu de la Création est l'émergence d'une conscience de soi, c'est-à-dire d'un être qui se voit comme une personne, un individu, et non pas simplement le membre d'une espèce, un simple rouage dans la grande mécanique de la nature. En même temps, cet individu doit aussi prendre conscience que, s'il n'est pas simplement le monde, il n'est pas pour autant Dieu. L'homme est à la fois lié au monde et distinct de lui, à la fois lié à Dieu et distinct de Lui. La Loi est là pour m'apprendre à gérer ce rapport au monde et à Dieu, à trouver la bonne distance sans être ni trop lié – sinon on risque de se perdre – ni trop séparé. La Loi, en particulier les interdits, introduit cette différence nécessaire. Si certaines nourritures sont permises et d'autres interdites, c'est précisément pour que je prenne conscience que je ne suis ni un animal, qui mange simplement ce qu'il trouve pour vivre, ni Dieu, aux yeux duquel tout est égal.

Mais l'interdit n'a de sens que par rapport au permis. Une loi qui interdirait tout ne serait pas plus une loi que celle qui permettrait tout, puisqu'elle n'introduirait pas plus de différence. Cette vision de la Loi sous le seul angle de l'interdit, c'est la vision du Serpent. Que dit Dieu à Adam et Ève ? « De tous les arbres du jardin vous mangerez, sauf de l'arbre de la Connaissance du bien et du mal. » Tous les arbres sont permis – même l'arbre de Vie ! – à l'exception d'un seul. Or, qu'est-ce que dit le Serpent à Ève ? « Est-il vrai que Dieu vous a interdit de manger de tous les arbres du jardin ? »

J.E. : Un autre aspect de la question qui pose souvent problème, c'est l'idée que Dieu punit ceux qui transgressent la Loi. Ainsi, Il chasse Adam et Ève du jardin d'Éden, Il condamne Caïn à l'exil, Il détruit presque toute l'humanité lors du Déluge... La Torah contient des passages où Dieu déverse des tombereaux de malédictions sur ceux qui seraient tentés d'être infidèles à ses commandements. Comment Dieu peut-Il être à la fois législateur, juge et bourreau ? Et surtout, en quoi la sanction est-elle nécessaire ? En quoi est-ce que ça « touche » Dieu si je ne fais pas chabbat, Lui qui est tellement au-dessus de tout ça ? Une morale sans châtiment est-elle possible ?

A.A. : Il faut d'abord remarquer que la transgression des lois de la nature entraîne elle aussi des sanctions, qui n'en sont que les conséquences mécaniques. Si je saute dans le vide en défiant les lois de la pesanteur, celles-ci vont vite me rappeler à la réalité et me « punir » en me blessant. Je ne peux m'en prendre qu'à moi-même. On peut avoir la même vision des lois divines : les châtiments sont les conséquences mécaniques de leur transgression. Même si nous ne possédons pas la science qui nous permettrait de l'expliquer – quoique les textes cabbalistiques en parlent –, on peut comprendre que l'observance des lois divines ou leur transgression a des effets spirituels réels ; que si je transgresse le chabbat, par exemple, je cause un dommage à mon âme et aux mondes spirituels en général. Et il y a encore un autre aspect qui rend nécessaire la sanction, c'est l'exigence de justice, qui est une qualité essentielle de Dieu. Dans la mesure où Dieu a donné une Loi, s'Il ne récompensait pas ceux qui Lui sont fidèles et s'Il ne punissait pas les pécheurs, les premiers auraient toutes les raisons de se plaindre. Pourquoi vivre toute sa vie dans le respect de la Loi si, au final, tout le monde est traité de la même manière ? Pour prendre un exemple trivial, pourquoi payer son ticket de stationnement si ceux qui fraudent ne risquent jamais une contravention ?

Dès lors, il y a deux voies par lesquelles l'homme se révèle à lui-même dans la Loi : la voie de l'amour et de la responsabilité et la voie de la crainte et du tremblement. Soit j'obéis à la Loi parce que j'ai peur de la sanction : c'est déjà bien, et même nécessaire, mais ce n'est pas la voie idéale. La voie royale, c'est d'accomplir la Loi par amour pour Celui qui l'a donnée, par la confiance absolue en sa bonté, sa sagesse et sa justice.

J.E. : Il ne faut pas non plus perdre de vue que la Loi n'est pas seulement l'expression de l'autorité de Dieu, de sa « royauté », pour reprendre l'image biblique, mais aussi l'expression de sa volonté. Dieu a une volonté concernant l'homme, Il a un désir du monde. Donner une Loi aux hommes c'est, pour Dieu, manifester sa volonté ; en retour, l'étude de la Loi nous permet de connaître la volonté divine qui est à l'origine de tout ce qui existe. Comme l'expliquent les cabbalistes, Dieu tel qu'Il est en Lui-même est absolument infini et absolument inconnaissable ; le plus proche que je puisse m'approcher de Lui, c'est en tant qu'Il exprime une volonté, et cela en étudiant la Loi.

Celle-ci, même si elle implique une sanction, est la manifestation de l'intérêt que Dieu nous porte. Si nous Lui étions indifférents, Il nous permettrait de faire n'importe quoi. Cela se vérifie aussi dans la psychologie familiale : lorsqu'il y a des rapports difficiles entre parents et enfants, ce n'est pas parce que les parents sont trop sévères avec les enfants en leur imposant leur loi – bien qu'il existe des parents tyrans –, mais bien plus souvent parce que les parents, en se faisant une fausse idée de ce que veut dire « aimer un enfant », n'osent rien leur interdire et les privent ainsi d'un cadre pour se construire une identité. C'est pourquoi, parmi les lois de la Torah, l'obligation de transmettre la Loi à ses enfants figure en bonne place.

« Je suis l'Éternel ton Dieu... »

Avec Benjamin Gross

JOSY EISENBERG : Pour atteindre une connaissance authentique de Dieu, on ne peut pas ne pas se référer à ce que Dieu dit de Lui-même dans la Bible, en particulier dans le premier des Dix Commandements : « Je suis l'Éternel ton Dieu... » Au fond, tout est dit dans cette phrase.

BENJAMIN GROSS : Tout est dit, en effet – encore faut-il savoir l'interpréter. Dans ce texte, Dieu se présente, en quelque sorte : « Je suis l'Éternel ton Dieu qui t'ai fait sortir du pays d'Égypte, de la maison de l'esclavage. » Vous avez remarqué que cette phrase est le premier des Dix Commandements. Pourtant, cette phrase n'est pas formulée comme un commandement, mais plutôt comme une affirmation. Et même si on la comprend comme voulant dire : « Tu dois savoir que Je suis l'Éternel ton Dieu », on ne voit pas encore ce que ce commandement signifie. Un commandement s'adresse à la volonté, à la capacité de choisir : l'homme a, par exemple, la possibilité d'observer ou non le chabbat, et

Dieu lui ordonne de l'observer. Mais l'existence de Dieu est de l'ordre du fait : soit Dieu existe, soit Il n'existe pas, cela ne dépend pas de mon action, pas plus que de savoir si la Terre est ronde ou plate. Cela touche à la connaissance, pas à la liberté.

J.E. : C'est effectivement l'une des grandes questions que posent les commentateurs : cette phrase exprime-t-elle ou non un commandement ? Avant cela, on peut aussi remarquer que Dieu parle ici à la première personne, ce qui n'est en général pas le cas dans la Torah. La Genèse ne commence pas par « Je suis l'Éternel qui ai créé le ciel et la terre au commencement » mais par « Au commencement, Dieu créa le ciel et la terre ».

B.G. : En fait, cette première phrase des Dix Commandements, au-delà de la présentation de Dieu, vient établir un rapport personnel entre Dieu et l'homme : « Je suis l'Éternel *ton* Dieu. » Contrairement au début de la Genèse où l'existence de Dieu est présentée comme un fait objectif, et où la Création s'opère par une parole qui fait naître ce qui n'existe pas encore, ici la parole est une parole adressée à quelqu'un. La Révélation du Sinaï est donc avant tout non pas la révélation d'un Dieu absolu, mais celle d'un Dieu qui veut parler aux hommes. Ce premier des Dix Commandements nous révèle avant tout la volonté de Dieu d'être présent dans l'existence des hommes.

Il faut remarquer que de nombreux commentateurs traditionnels, s'ils comptent bien ce verset comme la première des Dix Paroles, ne considèrent pas pour autant que celles-ci soient toutes des commandements. La première, « Je suis l'Éternel ton Dieu », est plutôt un préambule, comme dans une Constitution. Étant donné que Dieu s'apprête à édicter des commandements, il est normal qu'Il explique à quel titre il est légitime qu'Il impose sa Loi. C'est pourquoi Il dit : « Je suis l'Éternel ton Dieu qui t'ai fait sortir d'Égypte. »

C'est surtout à partir de Maïmonide* que l'on commence à comprendre ce verset comme exprimant lui aussi une obligation. Pour Maïmonide, ce verset nous apprend qu'il existe un commandement positif consistant à dire que l'on doit savoir que Dieu existe et à Le connaître. C'est même pour lui un commandement tellement essentiel qu'il le place en tête de sa liste des commandements dans le *Sefer ha-Mitsvot* (Livre des Commandements) et qu'il en fait la première loi de son *Michné Torah*[1]. La question de départ se pose alors de nouveau : comment peut-on ordonner, non pas de faire, mais de savoir ? Pour Maïmonide, la connaissance de Dieu est imposée à l'homme parce que l'homme est capable de connaître Dieu s'il en fait l'effort. Dans sa vision, l'homme est essentiellement un être doué de raison. Dès lors, s'il pousse jusqu'à l'extrême sa recherche rationnelle, il connaîtra nécessairement Dieu, ou du moins il saura avec certitude qu'Il existe. Pour Maïmonide, si l'homme n'aboutit pas à reconnaître Dieu, c'est qu'il est soit dans l'erreur, soit paresseux, et qu'il manque

---

1. *Michné Torah* : récapitulation totale de la Loi juive par Maïmonide, qui commence par la définition des principes de la foi.

au devoir essentiel de l'homme. Le verset « Je suis l'Éternel ton Dieu » nous fait donc obligation de nous engager dans cette quête de la connaissance du divin.

J.E. : Il est assez remarquable que cette exigence, qui fait de la recherche rationnelle de Dieu un principe majeur de la vie religieuse, se retrouve par la suite dans les courants du judaïsme les plus divers. On la trouve mise en valeur chez des penseurs *mitnaged*[1] comme rabbi Haïm de Volozhyn[2], mais aussi chez des auteurs hassidiques comme rabbi Chnéour Zalman de Liady[3]. Pourtant, on est bien forcé d'admettre que des

---

1. *Mitnaged* : littéralement « opposant ». Désigne les orthodoxes achkénazes qui, à partir du milieu du XVIIIe siècle, s'opposent à la vision hassidique de l'existence juive et placent l'étude talmudique au centre. Cette école, appelée également « lituanienne », ne s'oppose pas à la mystique, mais en restreint fortement l'étude. On se représente souvent les lituaniens comme plus rationalistes que les *hassidim*.
2. Rabbi Haïm de Volozhyn (1749-1821) : principal disciple du Gaon de Vilna, le fondateur de l'école *mitnaged*. Son livre *Néfech ha-Haïm* (L'Âme de la vie) est un traité systématique de pensée juive écrit en réaction au hassidisme. Il a été traduit par Benjamin Gross (Verdier, 1994 ; édition de poche, 2006).
3. Rabbi Chnéour Zalman de Liady (1745-1812) : maître hassidique, fondateur du hassidisme HaBaD (acronyme de *Hokhma-Bina-Daat*, « Sagesse-Intelligence-Connaissance »), également connu sous le nom de mouvement loubavitch. Son œuvre majeure, le *Tanya*, est une présentation systématique de la philosophie hassidique.

esprits très intelligents, très philosophes, sont parfois menés par leur recherche intellectuelle à l'athéisme. Comment comprendre, dès lors, le type de recherche à laquelle nous invite Maïmonide ?

B.G. : On peut tout d'abord relever que si Maïmonide place cette exigence en tête du *Sefer ha-Mitsvot* comme du *Michné Torah*, la formulation n'est pas la même dans les deux textes. Dans le *Sefer ha-Mitsvot*, il dit : « Le premier commandement est de croire (*lé-haamin*) que Dieu existe », alors que dans le *Michné Torah*, il dit : « C'est un commandement de savoir (*léda'*) que Dieu existe. » On a parfois voulu y voir une contradiction. La foi et le savoir ne sont pas forcément ni contradictoires ni inférieurs l'un à l'autre. La foi est nécessaire : on ne peut pas attendre d'avoir trouvé Dieu par la raison avant de commencer à régler notre vie en fonction de Lui. Mais la foi ne peut pas accompagner l'homme de manière constante. Parfois on croit, parfois on a des doutes, parfois on pense simplement à autre chose. Le savoir, lui, peut être constamment présent.

Rabbi Bahya ibn Pakouda[1] écrit ainsi que lorsque l'homme voit le lever du soleil, il y voit la présence de Dieu ; et quand il voit le coucher du soleil, il y voit encore la présence de Dieu. Il ne s'agit pas d'un émer-

---

1. Rabbi Bahya ibn Pakouda (première moitié du XIe siècle) : philosophe juif de langue arabe qui vécut à Saragosse, en Espagne. Son livre *Hovot ha-Levavot* (Les Devoirs des cœurs) est le premier traité systématique d'éthique juive.

veillement naïf face aux merveilles de la nature : si c'était le cas, il pourrait attribuer le lever du soleil à une puissance bienveillante et son coucher à une puissance malveillante. Au contraire, il reconnaît dans tous les phénomènes naturels et dans leur régularité l'empreinte d'un Créateur sage. Les lois de la nature l'amènent à concevoir la présence de Dieu. Cette conscience constante de la présence de Dieu est exprimée dans les Psaumes (16, 8) : « Je place constamment l'Éternel face à moi. » Elle résulte précisément de cet effort de connaissance, et même de co-naissance : il s'agit de renaître constamment dans la présence de Dieu. Cela s'exprime, dans le judaïsme, de plusieurs manières. Par exemple, les Sages nous enjoignent de ne pas jouir du monde sans avoir prononcé de bénédiction. Ainsi, quand nous mangeons quelque chose, et même quand nous voyons une belle chose, nous remercions Celui qui l'a créée, ce qui nous permet à chaque instant d'être conscients de la présence divine qui est à l'arrière-plan de l'ordre naturel.

C'est notamment ainsi, il me semble, que l'on peut comprendre le verset « Je suis l'Éternel ton Dieu » : « Moi, l'Éternel, la source de toute vie, Je dois être en même temps ton Dieu à toi. » Toute la démarche de la connaissance de Dieu consiste précisément à transformer une foi générale en un sentiment personnel, intime, de la présence divine. Comme le dit Maïmonide dans le dernier chapitre du *Guide des égarés** : « Tu dois te comporter, en toute occasion, comme si tu étais en présence du Roi. » Lorsqu'on est en présence d'un roi, on ne se comporte pas n'importe comment, on fait attention à chacun de ses gestes, par respect. A fortiori quand il s'agit du Roi des Rois. C'est pour cela que le judaïsme met l'accent sur l'attention au geste : pour nous permettre d'accéder à la conscience constante de la présence divine.

J.E. : Cette obligation d'établir un lien de connaissance personnelle à Dieu est très importante dans le judaïsme. C'est également dans ce sens que l'on peut comprendre le verset (I Chroniques 28, 9) où David, à la fin de sa vie, dit à Salomon : « Et toi, Salomon, mon fils, connais le Dieu de ton père... » En effet, généralement, notre rapport à Dieu passe d'abord par nos parents, qui nous ont élevés dans la religion. Ils nous ont transmis la connaissance qu'ils avaient de Dieu, mais nous l'avons reçue sur un mode très émotionnel, au niveau du ressenti. Ce que David dit à son fils, c'est : « Ne te contente pas d'être en rapport avec Dieu en tant qu'Il est le Dieu de ton père. Apprends à Le connaître par toi-même. » L'émotion et l'intellect sont tous les deux nécessaires.

D'ailleurs, on peut aussi comprendre le verset « Je suis l'Éternel ton Dieu » sur le plan de l'émotion plutôt que sur celui de la pure réflexion. Le fait que Dieu dise « Je », parle à la première personne, et s'adresse à moi, fait qu'Il instaure entre nous un rapport de personne à personne qui est peut-être plus profond que la simple découverte intellectuelle. Certes, Dieu est le Créateur, Il est aussi le Libérateur, mais Il est avant tout un « Je » qui s'adresse à moi, qui me dit « tu ».

Martin Buber* a beaucoup écrit sur ce thème du « Je » et « tu ».

B.G. : Ce verset invite en effet à un dialogue entre Dieu et l'homme. Mais à mon sens, le judaïsme se méfie des dérives que peut engendrer un rapport simplement émotionnel, subjectif, à Dieu. Même si Dieu est présent dans l'homme au plus haut de son âme, la religion, dans le judaïsme, ne peut pas se fonder uniquement sur un dialogue à l'intérieur de l'individu. L'expérience intime, émotionnelle, de la présence de Dieu au plus proche de soi n'est pas une garantie suffisante de l'authenticité de la religion. Ce n'est pas parce que je parle à Dieu et que Dieu me parle que tout ce que je fais est droit aux yeux de Dieu. Contrairement à ce que disent certains théologiens chrétiens, la grâce ne justifie pas tout. « Je », en hébreu, peut se dire de deux manières : *Ani* et *Anokhi*. Or, Dieu ne dit pas *Ani*, qui est un « je » de proximité, de familiarité. Il dit *Anokhi*, qui est un « Je » de majesté. Même si ce *Anokhi* instaure un dialogue, il n'abolit pas la distance entre Dieu et l'homme.

J.E. : Pourtant ne voit-on pas que les gens viennent en général à la religion pour des motifs plutôt émotionnels qu'intellectuels ?

B.G. : C'est un fait, mais pourquoi est-ce que ce serait une bonne chose ? Au contraire, ce que l'on observe, c'est que les gens qui reviennent à Dieu par l'émotion n'ont pas toujours une attitude religieuse mesurée, adéquate. Très souvent, l'émotion les emporte vers un certain extrémisme qui, pour être sincère, n'en est pas pour autant justifié ni par la société actuelle ni, surtout, par les textes de la tradition. Même si le hassidisme, notamment, a beaucoup insisté sur la valeur de l'attachement émotionnel à Dieu, la retenue, la pudeur envers la Divinité, reste une valeur essentielle du judaïsme.

J.E. : Il faut maintenant nous intéresser à la deuxième partie de ce verset : « Je suis l'Éternel ton Dieu *qui t'ai fait sortir de la terre d'Égypte, de la maison d'esclavage.* » Cette figure du Dieu libérateur est capitale. C'est la première qualité dont se réclame Dieu lorsqu'Il se présente comme un « Je ».

B.G. : Si la première partie du verset nous invitait à chercher Dieu par la raison, la seconde nous invite à chercher Dieu dans l'histoire. Ces Dix Commandements, qu'on appelle plus justement dans la tradition juive les « Dix Paroles », sont selon moi plutôt à envisager comme la Constitution que le Roi des Rois donne à son peuple. En effet, au Sinaï, Dieu ne s'adresse pas simplement à un ensemble d'individus, Il s'adresse à un peuple. Et ce peuple est véritablement né lors de la sortie d'Égypte, lorsque Dieu l'a libéré. Dieu se présente donc comme le Dieu d'un peuple qu'Il a introduit dans l'histoire pour servir de témoin à son existence.

J.E. : On peut prendre cette affirmation selon deux aspects. Un versant particulariste : Dieu est le Dieu d'Israël, Celui qui a délivré le peuple hébreu. Et un versant universaliste : Dieu est Celui qui délivre les opprimés. C'est ainsi que l'ont compris, notamment, les Noirs américains ; pendant l'esclavage puis la guerre de Sécession, ils ont placé leur espoir dans ce Dieu qui les libérerait de l'oppression. Ils s'identifiaient ainsi à l'Israël biblique dans leur liturgie et dans leurs chants, les negro spirituals. De même, l'expression « défenseur de la veuve et de l'orphelin » trouve son origine dans la Bible.

B.G. : On peut même dire que Dieu est, par définition, avant tout Celui qui délivre l'homme de la servitude, de toutes les servitudes : non seulement politique, mais de toutes les aliénations dans lesquelles l'homme peut s'enfermer. On peut se représenter Dieu comme le moyen donné à l'homme pour se libérer, et l'homme ne devient libre que dans la mesure où il établit cette relation avec Dieu. La Révélation n'a pas d'autre sens : elle est la révélation d'un Dieu qui donne à l'homme l'instrument de sa liberté.

J.E. : Au fond, si je peux me permettre ce jeu de mots, la Révélation mène à la révolution. Cette idée d'un Dieu libérateur des peuples a d'ailleurs été au fondement de ce que l'on a appelé la « théologie de la libération », ce mouvement à l'intérieur de l'Église catholique qui, dans les années soixante-dix, a poussé des prêtres d'Amérique du Sud à se révolter contre les dictatures. Si ces prêtres ont pris le maquis au nom de la Bible, c'est certainement plus au nom de ce que les chrétiens appellent l'Ancien Testament qu'au nom du

Nouveau Testament. Ils ont vu dans les Dix Commandements et le récit de la sortie d'Égypte une sorte de sacralisation de la révolution ou du moins de la révolte. Cette théologie de la libération a ainsi sa source dans la tradition juive, d'une certaine façon.

B.G. : Sans aucun doute. L'histoire juive elle-même ne peut se concevoir qu'à la lumière de ce point fondamental : l'homme est un être qui a besoin de s'affranchir. La liberté, c'est la libération. Par conséquent, il est indiscutable que cet esprit de révolte, cette nécessité de renverser toutes les oppressions, est au fondement même de la Bible.

J.E. : Pour autant, ce qui distingue la libération du peuple juif par Dieu et celle des autres peuples, c'est que seule la sortie d'Égypte a été suivie par une révélation, où Dieu a affirmé explicitement : « Je suis l'Éternel ton Dieu qui t'ai fait sortir d'Égypte. » Dès lors, on peut se demander si Dieu n'a pas pris là un risque. Si Dieu nous a libérés d'Égypte avec force miracles, le peuple juif a subi à travers son histoire toute une série d'oppressions, et Dieu n'est pas intervenu pour le libérer miraculeusement. C'est une question que les gens posent souvent à propos de la Shoah : « Où était-Il, ce Dieu libérateur, pendant Auschwitz ? » On a beaucoup écrit sur ce silence de Dieu au XXe siècle.

B.G. : Effectivement, il existe une école de théologie juive, aux États-Unis notamment, qui dit qu'après

Auschwitz, il faut renoncer à parler de la présence de Dieu dans l'histoire. Je pense que cette voie n'est pas souhaitable, qu'elle se méprend sur la notion de présence de Dieu dans l'histoire et sur sa place dans le judaïsme. De même que la science moderne ne doit pas nous empêcher de voir la présence de Dieu dans la nature, de même l'histoire contemporaine ne doit pas nous faire renoncer à chercher Dieu dans l'histoire.

La sortie d'Égypte est l'événement fondateur du judaïsme, non seulement en ce qu'elle nous enseigne à croire que Dieu intervient constamment dans l'histoire, mais aussi et surtout en ce qu'elle montre que la libération est possible. Si un homme a réussi, même une seule fois, à s'affranchir, si Dieu est intervenu ne serait-ce qu'une seule fois pour que l'homme puisse se libérer, alors nous devons croire en la victoire finale de la liberté, malgré les événements tragiques que nous pouvons vivre. La présence de Dieu dans l'histoire signifie non pas tant l'intervention constante de Dieu que le fait que l'histoire, malgré ses aberrations apparentes, n'est pas absurde, mais constitue un processus de libération constante de l'homme.

Il me semble qu'il est impossible de concevoir Dieu, dans le judaïsme, sans cette foi dans l'idée que la liberté de l'homme est au bout de l'histoire, même si on ne l'observe pas à chaque instant de l'histoire. C'est cela, pour nous, la présence de Dieu. D'ailleurs, le peuple juif aurait-il pu survivre à travers les siècles sans cette foi profonde et constante ? Aujourd'hui, après Auschwitz, le simple fait que le peuple juif existe toujours, qu'il soit plus actif que jamais sur la scène du monde, est une des preuves que Dieu est présent. « Je suis l'Éternel ton Dieu qui t'ai fait sortir d'Égypte » est pour moi une vérité aujourd'hui aussi neuve que lorsqu'elle a été prononcée au Sinaï.

J.E. : Cette foi en un Dieu libérateur n'est pas, pour nous, qu'une vérité philosophique, abstraite. Elle est célébrée en particulier chaque année durant la fête de Pessah, par de nombreux rites, et l'on peut remarquer que même des Juifs très éloignés du judaïsme tiennent à célébrer cette libération ; de sorte qu'on peut se demander s'il n'y a pas, dans l'inconscient juif le plus enfoui, ce souvenir que Dieu nous a un jour libérés, et que cette libération passée est une promesse d'avenir.

B.G. : On peut d'ailleurs remarquer qu'au début de la *Haggadah*[1], nous disons : « Si Dieu ne nous avait pas fait sortir d'Égypte, nous serions toujours esclaves de Pharaon. » Or, bien évidemment, nous ne serions plus esclaves physiquement de Pharaon. Même à l'époque du Talmud, où ce texte a été compilé, il n'y avait plus de pharaon en Égypte ! Par contre, nous serions toujours redevables, à d'autres, de notre libération.

L'autre fête qui est généralement observée par les Juifs même éloignés de la tradition, c'est Kippour,

---

1. *Haggadah* : récit de la sortie d'Égypte, fondé sur la tradition rabbinique, qui est lu le premier soir de Pessah.

parce qu'elle aussi remue chaque âme juive. Pessah et Kippour sont de même nature : la première fête marque la libération d'une servitude extérieure, historique, la seconde la libération d'une servitude intérieure, spirituelle, qu'entraîne la pesanteur des fautes.

La sortie d'Égypte est la respiration même de la vie juive. Elle signifie la libération de l'homme par un effort sur lui-même, la révolution non seulement politique, mais aussi religieuse, morale, éthique. Pessah et Kippour incarnent toutes les deux cet effort de libération, cette lutte constante contre le mal qui est, en dernière analyse, le sens même de la présence de Dieu pour l'homme.

J.E. : Pessah et Kippour sont toutes deux le signe d'une victoire sur l'ordre naturel, sur le déterminisme. Selon les lois de l'histoire, un peuple d'esclaves comme les Hébreux en Égypte ne peut pas s'affranchir, car toute l'histoire humaine est fondée sur la domination de l'homme par l'homme. De même, Kippour est le jour du Pardon, de l'effacement des fautes. Or, les fautes qui ont été commises ont été commises, on ne peut normalement pas effacer le passé. Cependant, à Kippour, Dieu efface les fautes, Il brise le cycle des causes et des effets en nous faisant passer dans l'ordre d'une surnature d'amour, celle du pardon.

En hébreu, le mot Mitsraïm, « Égypte », est lié étymologiquement à *metsarim*, « étroitesse ». L'Égypte n'est pas qu'un empire de l'Antiquité, c'est toute une vision du monde encore vivante aujourd'hui, celle qui conçoit le monde comme un ensemble de limites naturelles, sociales, spirituelles, dans lesquelles on se sent à l'étroit. Pessah comme Kippour sont des théologies de la libération qui viennent nous apprendre à nous libérer de ce qui entrave notre vie.

B.G. : C'est pourquoi notre verset continue : « Je suis l'Éternel ton Dieu qui t'ai fait sortir de la terre d'Égypte, *de la maison d'esclavage* », cette maison d'esclavage étant finalement tout ce qui aliène l'homme. Le judaïsme vise à dépasser toutes les limites de l'homme. C'est ce qu'explique notamment le Rav Kook[1] quand il dit qu'il est du devoir des Juifs de lutter contre la mort et que, à la fin, nous arriverons à vaincre la mort elle-même, ainsi que l'ont promis les prophètes.

Cette vision utopique qui fait que l'homme est appelé à une vision de l'infini, au fond, c'est cela, Dieu. Qu'on l'envisage en termes de moralité, de lutte de l'homme contre les passions ou, plus généralement, contre le mal dans l'histoire et dans la vie, c'est la même idée : l'homme est plus que l'homme, l'appel de Dieu résonne en lui qui lui permet de monter constamment, de se libérer toujours davantage. On

---

1. Rav Abraham Isaac ha-Cohen Kook (1865-1935) : grand rabbin de la Palestine mandataire, proche du mouvement sioniste. Son œuvre littéraire est d'une grande profondeur spirituelle (voir Benjamin Gross, *Les Lumières du retour : Orot haTeshuvah du rav Kook*, Albin Michel, 2000).

peut imaginer un homme qui se serait entièrement libéré de toutes les servitudes tant intérieures qu'extérieures serait presque divin, comme le dit le verset : « Tu as fait [l'homme] à peine inférieur à Dieu » (Psaumes 8, 6). Il ne lui manquerait, évidemment, que la transcendance ; mais il possède néanmoins en lui, comme nous tous, ce dynamisme libérateur qui est l'expression même de la présence divine en nous.

« Tu n'auras pas d'autres dieux devant ma face »

Avec le grand rabbin Gilles Bernheim

JOSY EISENBERG : Nous allons étudier avec vous, Gilles Bernheim, ce que dit la Bible à propos de Dieu dans le second et le cinquième des Dix Commandements. Le deuxième commandement s'énonce ainsi :

« Tu n'auras pas d'autres dieux devant ma face. Tu ne te fabriqueras pas d'idoles à l'image de ce qui se trouve dans les cieux, là-haut, de ce qui est sur terre, ici-bas, ou de ce qui est dans la mer, en dessous. Tu ne te prosterneras pas devant eux et tu ne les serviras pas. Car Moi, l'Éternel ton Dieu, Je suis un Dieu jaloux, qui se souvient des fautes des pères sur les fils jusqu'à la troisième et la quatrième génération de ceux qui Me haïssent, et qui est généreux jusqu'à la millième génération avec ceux qui M'aiment et observent mes Commandements. »

C'est cette double idée d'un Dieu jaloux et d'un Dieu de la mémoire, au long des générations, que je voudrais que nous développions ensemble.

GILLES BERNHEIM : Le deuxième commandement trace le chemin le plus large pour expliquer ce que signifie transmettre la Torah. Comment être un homme de la Torah, qui a quelque chose à transmettre à ses enfants, en se référant à cette leçon divine qui s'ouvre sur l'idée des idoles ? Dans le premier commandement, Dieu se présente comme Celui qui nous a fait sortir d'Égypte. Il ne faut pas s'y tromper : le peuple juif doit se rappeler que ce n'est jamais un homme qui est son sauveur, mais que c'est Dieu qui lui a donné sa liberté : « C'est Moi, l'Éternel ton Dieu » ; personne d'autre, pas même Moïse, ne doit être pris pour ce médiateur qui aurait aidé Israël à sortir d'Égypte.

J.E. : En d'autres termes, vous établissez un rapport entre le premier et le deuxième commandement dans le sens qu'il ne faut pas idolâtrer les hommes ?

G.B. : Il ne faut pas idolâtrer les médiateurs que Dieu envoie auprès d'Israël pour favoriser l'expression de leur liberté. Le deuxième commandement s'ouvre, effectivement, sur l'interdit de l'idolâtrie. Cette interdiction, c'est ce que la fin du commandement nous enseigne. Comment ne pas se prosterner, comment ne pas servir les idoles, sinon en se rappelant ce que le verset nous enseigne : « Car Dieu est jaloux, Il se souvient de la faute, des manquements, des insuffisances des ancêtres sur les enfants jusqu'à la troisième et la quatrième génération. »

« Dieu se souvient », en hébreu *poked*, comme Il « s'est souvenu » (*pakad*) de la stérilité de Sarah pour y mettre fin. Dieu se souvient que l'homme, lorsqu'il commet une insuffisance, un manquement, une faute, ne peut pas la réparer seul. C'est-à-dire que l'homme est jugé à la mesure de ce que ses enfants, ses petits-enfants, ses descendants feront après lui.

J.E. : Cela pose un problème. Il semblerait, selon ce que vous dites, qu'il y ait une différence de nature entre la justice divine et la justice des hommes. Lorsque quelqu'un commet un vol ou un crime, un tribunal humain ne peut pas se dire : « Qui sait ? Peut-être qu'un des descendants de ce criminel donnera naissance à un saint homme, comme l'Abbé Pierre ou le rabbin Gilles Bernheim... Accordons-lui les circonstances atténuantes... » Par contre, il semblerait que Dieu puisse apprécier la qualité morale de quelqu'un, non seulement en fonction de son comportement, mais de celui de ses descendants.

G.B. : Le rapport à Dieu, en opposition à l'attrait que peut susciter l'idolâtrie, est un rapport pensé, vécu et jugé par Dieu à la mesure de ce que sont les enfants et les descendants d'un homme. Autrement dit, on n'est pas seulement ce que l'on pense, on est aussi ce que l'on fait, et on est jugé à la mesure de ce que l'on laisse après soi et derrière soi.

J.E. : « Laisser après soi et derrière soi » nous permet peut-être de préciser un point essentiel de vocabulaire. Le verbe *pakad*, qu'on traduit généralement par « se souvenir », désigne en hébreu un dépôt, un objet que l'on laisse en gage. C'est pourquoi le mot

« laisser » que vous avez employé me paraît important. Cela nous permet, peut-être, de rectifier une idée reçue. En effet, si on dit que Dieu se souvient, cela pourrait signifier que Dieu oublie. Or, comme le dit une prière juive : « Il n'y a pas d'oubli devant le trône de ta gloire. » Il faudrait donc plutôt traduire par « Dieu garde en dépôt, tient compte des descendants pour juger la faute des pères ».

G.B. : Vous m'amenez à mieux justifier la notion de « mémoire divine ». Rien ne se perd dans la mémoire de Dieu, tout y est « déposé », et c'est peut-être à partir de cette idée qu'il est possible de comprendre la jalousie divine dont parle le verset. On l'a souvent lu comme signifiant que les fils paient pour les fautes de leur père. Ce n'est probablement pas là son interprétation profonde.

Les fils paient, mais ils peuvent aussi ne pas payer. Lorsqu'un homme ou une femme, à la première génération, commet, par son comportement, ses gestes ou ses paroles, une insuffisance ou un manquement à l'ordre divin, deux issues sont possibles à la deuxième génération : soit l'enfant répète le comportement des parents, soit il en prend le contre-pied. La question que semble poser ce verset est de savoir si la troisième génération, à son tour, ne va pas prendre le contre-pied de la seconde et rejouer, alors, le comportement de la première dans son rapport à la quatrième. D'où l'idée des trois, quatre générations...

J.E. : Ce que vous décrivez est, somme toute, un phénomène banal qui s'observe dans presque toutes les familles : le grand-père est pratiquant, le fils rompt avec la pratique religieuse, et on retrouve le petit-fils dans une *yéchiva*.

G.B. : Qu'y puis-je ? Cette réalité psychologique est une constante humaine. Mais sans doute la Torah veut-elle nous enseigner que la notion de juste milieu nécessite une grande clairvoyance. Maïmonide explique que la voie de la Torah est la voie du juste milieu : chaque qualité morale résulte d'un difficile équilibre entre deux tendances contradictoire qui, si elles sont poussées à l'extrême, deviennent des fautes. Par exemple, la tempérance est le juste milieu entre l'avarice et la prodigalité. Il faut donc rassembler ce qu'il y a de meilleur aux deux extrêmes. Or, construire quelque chose qui tienne la route dans l'ordre des générations, qui favorise la maturité, l'expression psychologique, la capacité de jugement des hommes, tout cela implique une grande intelligence de l'humain. De plus, cette intelligence ne peut pas être conçue comme un simple processus d'identification à l'autre, ou au contraire de construction en négatif, ce qui revient au même. Cette maturité de la transmission, telle que Dieu la véhicule dans ce verset, et qui constitue sa mémoire, évoque surtout l'idée que rien ne se perd. Ce que les enfants vont véhiculer à leur tour, les rémanences, les dépôts, et l'usage que la descendance va faire des dépôts des parents, est extrêmement important. La vigilance divine s'exprime là. Je ne sais pas si, lorsqu'une génération fait *téchouva*[1] par exemple, elle se repent par rapport aux insuffisances des parents et si la seule repentance des enfants exprime l'idée que Dieu les juge favorablement.

Cette repentance n'est bien sûr pas sans valeur, mais Dieu attend de voir ce qu'elle produira à la troisième et la quatrième génération. Il veut vérifier que certaines insuffisances ancestrales ne réapparaîtront pas justement au travers de cette repentance, et que, finalement, on saura développer ce qu'il y a de meilleur à chaque génération pour faire l'histoire d'Israël et lui donner le sens de la vie.

J.E. : On ne peut pas s'arrêter ponctuellement à un moment donné de l'histoire : il faut avoir une vision globale. Tout est en dépôt dans la mémoire divine, et tout ce que nous recevons de nos parents est un dépôt qui se transmet. Il faut attendre pour voir ce que va devenir ce « dépôt ».

Tout cela implique un rapport particulier aux parents. Or, justement, le cinquième des Dix Commandements nous ordonne d'honorer père et mère. On nous demande donc quand même une certaine continuité, alors que vous êtes en train de faire l'apologie du changement.

---

1. *Téchouva* : ce mot signifie littéralement « retour », au sens de « revenir vers Dieu ». C'est un effort que chacun doit accomplir constamment. Ce terme désigne aussi le fait, pour des gens nés dans une famille non pratiquante, de s'astreindre à un mode de vie religieux.

G.B. : Oui, mais du « changement dans la continuité », pour utiliser un vocabulaire politique… Or, le cinquième commandement peut parfaitement être lu comme l'apologie du changement dans la continuité. Comme si le rapport de l'homme à Dieu était perçu dans le rapport aux parents, au père d'abord, à la mère par ailleurs.

On nous dit que Dieu est jaloux : c'est qu'Il est extrêmement vigilant à l'idée que rien ne se perd et que tout est fécondant, dans le sens du bien comme du mal.

J.E. : Vous traduisez « jalousie » par « vigilance » ?

G.B. : Oui, une extrême vigilance, mais une vigilance de tous les instants, qui peut être insupportable pour les hommes, parce que les hommes font semblant d'oublier. Les hommes pensent qu'en oubliant, en ne tenant pas compte des dettes qu'ils ont à l'égard des autres, ils vont pouvoir continuer leur vie comme si de rien n'était. Cette vigilance divine est une extrême patience de l'homme à l'égard des enfants, à l'égard des élèves et à l'égard du prochain. Cette patience, très curieusement, est réinscrite dans la cinquième parole divine : « Honore ton père et ta mère, afin que tes jours s'allongent sur la terre… » Il faut reprendre les termes mêmes du verset, cette idée qui est avancée avec tant d'à-propos par les mots bibliques : « *Kabbed ét avikha ve-ét immekha* » ne signifie pas seulement « Honore ton père et ta mère ». Le verbe *kabbed*, que l'on traduit par « honorer », est lié dans son sens premier à *koved*, le

« poids ». On pourrait traduire ainsi : « Donne son juste poids à ton père et à ta mère. » Autrement dit, et c'est ainsi que l'enseignent les maîtres du Talmud, il faut savoir accorder à son père et à sa mère une représentation qui soit juste pour que l'enfant puisse vivre et durer. C'est une manière de dire, comme l'enseigne un commentateur du Talmud, dans les Tossafot[1], que la parole du père comme la parole de la mère ne doivent être ni trop lourdes ni trop légères pour l'enfant. Si elles sont trop lourdes, un processus d'identification s'enclenche, et les enfants ne font que répéter, dupliquer le comportement, la parole et la façon de penser des pères et des mères.

J.E. : Vous nous proposez une voie assez étroite, finalement. Tout d'abord, vous nous dites – ce qui me paraît très important – que la traduction « Honore ton père et ta mère » signifie : « Pèse le juste poids de ton père et de ta mère » ; mais, deuxièmement, vous nous dites – c'est pourquoi je parle de voie étroite – qu'il ne faut pas répéter exactement la vie de ses parents sans s'y opposer non plus radicalement. Cela ne laisse pas beaucoup de place. Il ne faut jamais, parce que l'on est jugé au fil des générations, faire exactement la même chose, mais pas non plus ne pas faire systématiquement le contraire. Où peut-on dès lors se situer ?

---

1. *Tossafot* : commentaires du Talmud écrits par les Sages de France au Moyen Âge et imprimés dans toutes les éditions du Talmud.

G.B. : Il faut se situer entre la parole lourde et la parole légère, qui tend à oublier les enseignements des père et mère, qui sont deux tentations. L'une est celle d'une extrême fidélité : je ne réfléchis pas, je suis fermé au monde dans lequel je vis, la parole de mes père et mère est vérité *ad aeternam* et je n'ai qu'à répéter tel quel ce qui a été dit et fait. Puis il y a l'autre tentation : j'oublie, je me révolte et je recrée mon système de valeurs à chaque génération, un autre système de valeurs qui me permette d'être mon seul maître et ma seule référence.

Entre les deux, il y a effectivement ce chemin étroit de la maturité : savoir préserver dans la parole des père et mère ce qu'il y a de meilleur, ce qu'il y de plus juste afin qu'à mon tour je lui donne forme et sens. C'est exister pleinement comme homme devant la vie, devant l'histoire de mon peuple et aussi devant ma descendance.

On peut interpréter ainsi la fin du cinquième commandement, qui dit : « afin que tes jours se prolongent sur la terre que Dieu te donne » : « Si tu veux, à la fin de ta vie, pouvoir dire devant Dieu que tes jours ont été remplis, que tu as fait quelque chose de chaque jour de ta vie, alors il faut que tu choisisses cette voie étroite, sinon tu en arriveras à regretter de n'avoir été que l'image des père et mère, ou tu en arriveras à regretter de ne pas avoir su tenir compte de ce qu'ils pouvaient t'apporter. »

C'est sans doute cela que l'on appelle la « bénédiction ». Lorsqu'un père ou une mère, un maître ou un prophète bénissent leurs enfants ou leurs élèves, ils leur adressent des paroles qui leur font du bien, c'est-à-dire qu'ils tiennent compte de la meilleure part d'eux-mêmes, leurs meilleures facultés et l'usage qu'ils en ont fait. Mais cela se fait tout en sachant que l'autre, l'élève, l'enfant, n'est pas identique au maître, ou aux parents, qu'il n'est pas que la représentation fidèle du maître, ou des parents, et qu'il a d'autres questions et d'autres inquiétudes.

Savoir adapter la parole essentielle de notre propre vie pour répondre à l'exacte mesure des besoins et des questions et de l'entendement de l'enfant et de l'élève, c'est cela, bénir l'enfant comme l'élève. C'est cela, être juif.

J.E. : Les Dix Commandements contiennent ainsi une importante leçon de pédagogie : nous avons le devoir que nos enfants nous ressemblent, mais pas qu'ils soient exactement comme nous. Nous devons leur transmettre quelque chose, sans oublier que chaque génération a sa mission propre. Et enfin, vous nous dites que Dieu est le garant de cela, Il en est le Superviseur, comme un conseiller en éducation. Nos parents nous éduquent, mais ils doivent savoir qu'au-delà de tout, il y a un Superviseur qui est à jamais le garant de ce que cette éducation n'est pas seulement du mimétisme ou de la singerie.

J.E. : Absolument. Dieu est appelé le Juge suprême dans la mesure où Il sait très bien que rien, dans la vie des hommes, ne se retranche. C'est ce que l'on appelle en hébreu la *kappara*, la « rédemption ». Vous avez très justement parlé tout à l'heure de « dépôt » : il y a des choses qui sont enfouies pendant quelques générations, mais qui finiront par réapparaître plus tard.

Lorsque nous disons que rien ne se retranche, c'est une manière de dire que pour être un homme fidèle à la parole divine, il faut savoir mettre en pratique cet adage talmudique qui nous enseigne : « *Ma'alin bekodech ve-ein moridin* », « En sainteté, on doit toujours monter, jamais descendre ». Autrement dit : « Toute valeur, toute expression de sainteté doit être élevée et ne doit jamais rester figée, à plus forte raison être abaissée. » Dans la mémoire des hommes, il y a des valeurs ; lorsqu'une valeur n'est pas travaillée, elle perd la vie, elle devient morte, parce que l'on n'en fait plus usage. S'astreindre à se souvenir de toutes les valeurs ancestrales, depuis la création du monde jusqu'à aujourd'hui, afin de les exprimer avant tout, de leur donner un sens, un contenu adéquat à la génération dans laquelle nous vivons, représente un effort d'une extrême exigence et qui nécessite une mémoire de tous les instants.

Sans doute est-ce la raison pour laquelle il nous est dit que la mémoire d'Israël est plus ancienne que la mémoire des hommes. Elle l'est parce que l'exigence que Dieu formule, en tant que Juge, de cette mémoire et des actes humains, court depuis la création du monde, c'est-à-dire depuis les toutes premières valeurs. Il faut savoir ne pas simplement les répéter, mais en dégager la quintessence et les mettre à la disposition des hommes, à la mesure de ce qu'ils peuvent en entendre et de l'usage qu'ils pourront en faire.

« Tu ne prononceras pas le Nom de Dieu en vain »

Avec le grand rabbin Gilles Bernheim

JOSY EISENBERG : Dans le judaïsme, non seulement on a quelques problèmes avec Dieu – tout le monde en a –, mais on a des problèmes avec le Nom de Dieu. Et la connaissance de Dieu passe aussi par un rapport particulier à ce Nom. Or, il se trouve que l'un des Dix Commandements interdit de prononcer en vain le Nom de Dieu. Il est intéressant de relever que, dans un code moral aussi élaboré, où l'on trouve des lois aussi essentielles que l'interdit du vol et du meurtre, on nous mette tout à coup en garde quant à la prononciation du Nom divin : « Tu ne prononceras pas le Nom de Dieu en vain ; car Dieu n'innocentera pas celui qui prononce son Nom en vain. »

GILLES BERNHEIM : Il est un fait que « ne pas prononcer le Nom divin en vain » peut s'entendre à plusieurs niveaux : au niveau liturgique, théologique, juridique et à d'autres sans doute encore. Au niveau théologique, cela veut dire que le véritable Nom divin est composé de plusieurs sous-Noms qui sont comme des sous-ensembles exprimant des attributs divins : Dieu est juste, Dieu est miséricordieux, bon... Chacune des qualités de l'Être divin est ainsi retranscrite en liturgie dans divers Noms de Dieu qui se rejoignent, en quelque sorte, dans le fameux Nom divin que seul le grand prêtre pouvait prononcer au jour de Kippour, dans le Saint des Saints. Mais que signifie « ne pas prononcer le Nom divin en vain » ? Si Dieu est pensé en termes d'attributs, par exemple, grande peut être la tentation, en énonçant les Noms divins, de penser à la signification des qualités divines, de prendre à son compte ces qualités et de s'identifier à l'Être divin.

J.E. : Vous voulez dire qu'il y a une grande proximité. Est-ce que vous voyez cela aussi sous l'angle de la familiarité ? Une des règles du judaïsme veut notamment qu'on n'appelle pas son père ou sa mère par leur prénom, mais qu'on leur dise : « mon père », « ma mère ». On peut penser que l'interdit d'appeler Dieu par son Nom propre plutôt que de l'appeler « Adonaï », « mon Seigneur », participe de la même idée.

G.B. : Nommer quelqu'un, c'est se donner la possibilité d'avoir une emprise sur lui. Si la nomination n'existait pas, l'exercice du pouvoir sur l'autre ne serait pas possible. Or on ne peut pas nommer Dieu dans la mesure où l'on ne peut pas avoir une emprise sur Lui. Si je possède les qualités qui sont celles de Dieu, je peux, en toute suffisance et en plein pouvoir, exercer l'exercice d'un pouvoir divin sur les autres hommes. Il est possible d'une certaine manière de renverser les données du verset et de dire : « Tu ne nommeras pas Dieu ; tu sauras préserver ce qu'il y a d'indéfinissable, d'ineffable, d'inqualifiable dans le projet divin et rester homme devant Dieu, c'est-à-dire préserver cette distance que toute créature doit savoir laisser devant son Créateur. » De là, probablement, l'idée de ne pas prononcer au niveau liturgique le Nom porteur de qualités auxquelles on ne doit pas s'identifier.

J.E. : Il y a aussi l'aspect juridique : devant un tribunal, jadis, on jurait par le Nom divin. Cela se fait encore aujourd'hui, d'ailleurs : pas en France, qui est un pays laïque, mais aux États-Unis ou en Angleterre, où l'on jure souvent sur la Bible. Or, jurer sur la Bible, c'est jurer sur le Nom de Dieu. La Torah interdit de jurer faussement sur le Nom de Dieu. Elle permet de jurer en invoquant le Nom de Dieu mais pour des causes importantes. Il y avait jadis une tradition chez des Juifs religieux qui consistait, en cas de conflit porté devant un tribunal où il s'agissait de dire que votre voisin vous avait volé cinquante kilos de pommes de terre, par exemple, à préférer renoncer à récupérer son dû plutôt que de jurer par le Nom divin, même si on était totalement sincère et sûr de son bon droit. Les gens étaient prêts à renoncer à leur droit par grand respect du Nom divin.

G.B. : Ce respect est évident dans l'expression « *lo tissa* » que le verset emploie et que nous traduisons, faute de mieux, par « tu ne prononceras pas » alors qu'il signifie, littéralement, « tu ne hisseras pas », comme on hisse un drapeau. Hisser un drapeau, que ce soit dans un mouvement de jeunesse ou au service militaire, c'est une manière de dire l'idéologie du groupe, de la résumer dans son incarnation, dans son emblème qu'est le drapeau. Les projets de Dieu, les qualités divines ne peuvent pas être enfermés dans cet emblème, dans ce drapeau, parce que, encore une fois, comme l'enseigne le Talmud, grande peut être la tentation pour l'homme d'emblématiser la parole, le projet divin et de s'en servir. Vous savez que l'armée nazie avait comme slogan « *Gott mit uns* », « Dieu est avec nous ». Cela exprime l'idée que je me fais de Dieu comme servant ma cause, défendant mon comportement : cette illusion peut fausser totalement mon rapport d'obligation à l'égard des hommes.

J.E. : Ce que vous dites nous amène aussi à parler du cadre politique. Dire : « Ne prends pas comme emblème le Nom de Dieu », interdire de se servir de Dieu comme emblème, c'est aussi condamner la guerre sainte, les guerres de religion qui, à mon sens, constituent le principal danger pour notre civilisation moderne. Nous assistons aujourd'hui, un peu partout dans le monde, à une résurgence des fanatismes religieux où l'on se sert du Nom divin comme étendard.

G.B. : C'est une manière très ferme, de la part de la Torah, de récuser tout fondamentalisme au Nom de Dieu. Le Nom de Dieu qui cautionne tant de comportements fait que l'on en vient à concevoir l'élection comme un privilège plutôt que comme un ensemble d'obligations à l'égard de tous les hommes.

J.E. : Ce rejet du fondamentalisme n'explique-t-il pas la seconde partie du verset : « Dieu n'innocentera pas celui qui prononce son Nom en vain » ? Même si, dans la Bible, Dieu dit souvent qu'Il punira, il est très rare qu'Il dise qu'Il ne tiendra pas pour innocent tel ou tel.

G.B. : Dieu n'accepte pas le sentiment d'innocence qui peut envahir une personne qui, se référant au Nom divin, cautionne son comportement par le fondamentalisme. L'homme est souvent tenté de s'identifier à une espèce de représentation qui lui facilite la tâche. Le Talmud explique ainsi que, lorsqu'un tribunal fonctionnant selon la Loi biblique et rabbinique est amené à juger quelqu'un qui risque la peine de mort, il ne peut pas le condamner à l'unanimité. Un tribunal rabbinique jugeant ce type de crime est composé, suivant le cas, de vingt-trois ou soixante et onze juges qui sont à la fois avocats, procureurs, juges et jury. Si, sur ces vingt-trois ou soixante et onze juges, il n'y en a pas un pour trouver un motif qui innocente cet accusé, cela est le signe que quelque chose ne va plus dans l'ordre du jugement humain. Tous ces hommes se font une certaine image du prévenu, qui en fait une incarnation du mal, et grande est, disent les commentaires, la tentation de ce tribunal de penser qu'en jugeant de la sorte, à l'unanimité, ils confortent le lien social qui les unit contre le mal. Par là même, ils introduisent une dichotomie trop nette entre le bien, qu'ils incarnent, et le mal, qu'ils éradiquent de la société. Qu'il n'y ait pas un seul juge pour prendre la défense de l'accusé est très grave. Que l'on ne puisse remettre en question cette image trop lisse ou trop parfaite de l'accusé comme incarnation du mal est le signe d'une profonde erreur de jugement.

La Loi juive récuse l'idée d'une purification générale de la société, comme elle rejette l'idée d'une unité qui se ferait « contre ». Elle récuse également l'idée d'une vérité qui serait totale : si le tribunal juge à l'unanimité, il croit avoir trouvé sa vérité du bien contre l'incarnation du mal qu'est l'accusé. De ce point de vue-là, il faut qu'il y ait un juge qui sache défendre l'accusé, et remettre en question cette vérité. Et si ce juge existe et qu'il remet cela en question, alors une vérité un tout petit peu plus relative pourra naître. À ce moment-là, paradoxalement, l'accusé sera condamné à mort.

J.E. : Est-ce que cela signifie que si un tribunal ne trouvait pas la moindre circonstance atténuante à un accusé, et qu'il veuille avoir un jugement unanime, il se substituerait à Dieu ? Dieu seul connaît la vérité absolue !

G.B. : C'est exactement ce que dit le commentaire de Rachi : « Ce tribunal est dessaisi de l'affaire, mais pas au profit d'un autre tribunal : c'est Dieu qui jugera. » Comme si les juges de ce tribunal s'étaient pris pour Dieu omnipotent par leur parole et que, ceux-ci dessaisis de l'affaire, il était demandé à Dieu d'exercer son véritable rôle. Seul Dieu peut juger en pleine sérénité et en totale vérité. Il faut que jamais les hommes n'imaginent un instant détenir ce pouvoir. De même, prononcer le Nom, c'est exercer un pouvoir identique à celui de Dieu, ce qui est interdit.

J.E. : Je voudrais vous poser une question un peu provocante. Imaginons que les Eichmann, Barbie, Touvier ou Hitler aient été jugés par un tribunal selon la Loi biblique et que nous y ayons été, vous et moi, juges. Aurions-nous consenti à les dispenser de peine si nous tous, juges, les avions jugés coupables ? Est-ce que même à un tel degré d'horreur dans le crime, il faudrait nécessairement qu'un des juges trouve un aspect qui, non pas justifie, mais innocente ces criminels ?

G.B. : Je pense que les choses se seraient effectivement passées ainsi à l'époque où de tels tribunaux rabbiniques existaient, c'est-à-dire quand le Grand Sanhédrin siégeait encore au Temple de Jérusalem. Les règles de procédure voulaient qu'un jugement pénal ne soit pas exécutoire immédiatement. On ne pouvait pas juger, condamner et punir une personne dans la même journée, il fallait laisser passer la nuit, comme si on voulait laisser un temps à la conscience humaine pour se demander si tout avait été bien réglé, bien pensé, bien jugé. Par contre, dans le cas où tous les juges étaient unanimes pour condamner à mort, l'accusé était immédiatement relâché, sans autre forme de procès. Peut-être cela vient-il nous signifier que ces juges ne savaient pas profiter de la nuit : ils ne savaient pas rêver, mettre en œuvre cette part d'inconscient, cette part d'indéfendable que seul le rêve, le fantasme peut relever, faire surgir quelque part. Tout cela n'existerait pas. Alors on les dessaisissait tout de suite de l'affaire...

Si loin, si proche…

Avec Benjamin Gross

JOSY EISENBERG : Benjamin Gross, j'aimerais que nous parlions de l'un des grands paradoxes de la pensée juive. On évoque à la fois, dans le judaïsme, Dieu comme très lointain, transcendant, inconnaissable, et en même temps comme extrêmement proche, intime. Il semble y avoir une identité totale entre ces deux aspects de Dieu, qui sont pourtant fort éloignés l'un de l'autre. Un texte de la liturgie exprime bien cette idée : Rabbi Yohanan disait : « Partout où tu trouves la grandeur du Saint béni-soit-Il, tu trouves aussi son humilité. » C'est écrit dans la Torah, répété dans les livres des Prophètes et une troisième fois dans les Hagiographes. Dans la Torah :

« Car l'Éternel votre Dieu est le Dieu des dieux, et le Seigneur des seigneurs, Dieu souverain, puissant et redoutable, qui ne fait pas acception de personnes, qui ne cède point à la corruption » (Deutéronome 10, 17).

Et ensuite il est écrit :

« Qui fait droit à l'orphelin et à la veuve ; qui témoigne son amour à l'étranger en lui assurant le pain et le vêtement » (Deutéronome 10, 18).

Chez les Prophètes, il est écrit :
« *Car ainsi parle le Dieu très haut et suprême, Celui qui habite l'Éternité et qui a nom le Saint ; Sublime et saint est son trône ! Mais il est aussi dans les cœurs contrits et humbles, pour vivifier l'esprit des humbles, pour ranimer le cœur des affligés* » (Isaïe 57, 15).

Dans les Hagiographes, il est écrit :
« *Entonnez des chants à Dieu, célébrez son nom, exaltez Celui qui chevauche dans les hauteurs célestes – Yah est son nom ! – et faites éclater votre allégresse devant lui. Dans sa sainte résidence, Dieu est le père des orphelins, le défenseur des veuves* » (Psaumes 68, 5-6).

BENJAMIN GROSS : Il faut effectivement distinguer Dieu dans sa transcendance et Dieu dans son immanence. Le texte cité le souligne bien quand il parle de « grandeur », c'est-à-dire de la puissance de Dieu. Ce problème s'est posé avec une force particulière dans le judaïsme dans la mesure où celui-ci d'une part affirme, de façon radicale, la transcendance de Dieu, la différence de Dieu d'avec le monde, et d'autre part défend l'idée d'une Providence, c'est-à-dire d'une présence de Dieu dans l'histoire des hommes. D'un côté, Dieu n'a rien à voir avec le monde : comme le dit Maïmonide en ouverture du *Michné Torah*, même si tout cessait d'exister, Dieu continuerait à exister et, si Dieu n'existait pas, rien ne pourrait exister. Cette proposition, on le voit, semble contredire le texte, et c'est un des paradoxes que nous devons résoudre.

D'autre part, effectivement, l'un des principes majeurs du judaïsme est que Dieu agit dans l'histoire, aussi bien sur le plan général que dans la communion avec chaque homme, en particulier les faibles et les miséreux.

J.E. : Ce problème de conciliation entre l'idée que Dieu est infiniment grand, au-delà de toutes choses, et celle de sa proximité avec l'homme ne se pose pas que dans le judaïsme. Dans toutes les religions et les philosophies, on rencontre ce paradoxe. Et, en général, les philosophes, pour préserver la transcendance de Dieu, en sont venus à rejeter l'immanence.

B.G. : Même les philosophes juifs classiques, comme Maïmonide, rencontrent de grandes difficultés quand ils sont amenés à tenter de concilier, voire d'unifier ces deux aspects de la personnalité de Dieu. Ce que notre texte souligne avant tout, ce n'est peut-être pas tant la transcendance en elle-même que la tension entre ces deux aspects. Il nous dit que la transcendance de Dieu se manifeste par excellence dans son attention aux miséreux, à la veuve et à l'orphelin. La transcendance est donnée comme un modèle pour l'homme. Ce que ce texte nous dit, c'est : « Vois comment Dieu, qui est éminemment grand et supérieur, ne se désintéresse pas pour autant des difficultés des faibles, au contraire : c'est en cela aussi que réside sa grandeur. C'est pourquoi toi, homme, tu as le devoir d'imiter la grandeur de Dieu en te préoccupant des plus humbles. »

Il y a ici un appel à ce qu'on a pu appeler le « monothéisme éthique ». La transcendance de Dieu appelle l'homme à Le rejoindre et, par conséquent, il incombe à l'homme de relever ceux qui sont abattus par la misère. Dieu est un appel constant à ce que l'homme s'élève dans la voie de l'éthique et se construise à l'image de Dieu – ce qui suppose par là même d'agir dans l'histoire.

J.E. : S'il est aujourd'hui banal de parler de la défense de la veuve et de l'orphelin, c'est-à-dire de tous ceux qui ne peuvent pas compter sur le soutien d'une famille, d'un réseau, il faut bien comprendre qu'à l'époque de la Bible, cette idée selon laquelle chacun avait la responsabilité de défendre ceux qui sont sans défense était tout à fait révolutionnaire. Et même aujourd'hui, elle est encore formidablement actuelle, car il y a toujours des opprimés.

Il faut remarquer que cette idée que Dieu, malgré sa grandeur et même du fait de sa grandeur, se rapproche de l'homme et des humbles est à l'origine spécifiquement juive. Après avoir libéré les Hébreux de l'esclavage égyptien, Dieu « descend », nous dit la Bible, sur le mont Sinaï pour donner la Torah. On remarquera que les Dix Paroles, qui affirment la transcendance divine (« Je suis l'Éternel ton Dieu... »), sont suivies immédiatement des lois concernant l'aide à ceux que la pauvreté a réduits à l'esclavage. On sait que le christianisme a interprété la présence de Dieu aux côtés des faibles dans le sens d'une incarnation de Dieu en l'homme. Comment le judaïsme se situe-t-il par rapport à cette notion d'incarnation ?

B.G. : Précisément, le texte que nous avons cité vient mettre l'accent sur cette proximité sans incarnation. Le judaïsme, malgré l'immanence profonde de Dieu, ne veut pas renoncer à son absolue transcendance. Dieu doit rester au plus haut pour s'intéresser à ce qui se passe ici-bas.

Au-delà de cette dimension éthique, ce texte véhicule une vision plus profonde. Pour la philosophie rationaliste telle qu'elle s'exprime en particulier chez Maïmonide, l'existence du monde pose problème. Dieu n'a pas besoin du monde. On pourrait presque dire que, pour les philosophes, le monde est un accident dans l'histoire de Dieu. Or, notre texte nous dit que le monde n'est pas un accident. Pas parce que Dieu aurait besoin de s'y incarner, ou même simplement d'y résider, mais parce que c'est justement la grandeur de l'humilité de Dieu que de s'intéresser à l'autre. En cela, le monde est en quelque sorte nécessaire à Dieu. Cela nous révèle quelque chose sur Dieu Lui-même : on a besoin du monde, de l'histoire, pour comprendre Dieu dans le judaïsme.

Dans le christianisme, l'incarnation est un renoncement à la transcendance. Dans le judaïsme, l'immanence de Dieu, sa présence aux côtés des humbles, ne peut pas se suffire à elle-même. Elle n'a de sens que si Dieu est en même temps Créateur, qu'Il surplombe l'histoire. Ce n'est pas Dieu qui agit dans l'histoire comme un homme ; au contraire, l'homme est enjoint par la transcendance divine à agir dans l'histoire à l'image de Dieu. Notre texte souligne que la grandeur de l'humilité divine, c'est justement de n'être pas seul, mais d'élever l'autre à sa propre grandeur.

J.E. : Dans le texte de cette prière, qui est lue tous les samedis soirs, à la sortie de chabbat et qui est un montage de divers textes bibliques, on trouve une autre idée intéressante, celle de la résurrection, *tahiya* en hébreu. En quelque sorte, les pauvres, les déshérités sont comme morts et Dieu leur insuffle de nouveau la vie. Cela rejoint ce que nous dit la Genèse (2, 7) : Dieu, après avoir formé l'homme avec de la glaise, lui insuffle la vie. Dans la mystique juive, on insiste beaucoup sur ce thème du « bouche-à-bouche » divin, sur ce mélange des souffles. Dieu insuffle son intimité à l'homme. Comme le dit le Zohar* : « Celui qui insuffle insuffle de son intériorité. » L'homme ne vit donc que par le souffle de Dieu. Or, comme le dit d'ailleurs le Talmud, le pauvre est comme un mort, et Dieu ressuscite les pauvres en leur donnant de son souffle : voilà ce que dit cette belle prière. On n'est pas ici dans une résurrection reportée à la fin des temps, mais dans la résurrection permanente de ceux qui sont proches de la mort.

B.G. : Et ce qui est très important, c'est que ce processus suppose l'homme. Ressusciter les pauvres, c'est une responsabilité humaine. Dieu demande à l'homme de donner l'impulsion de ce ressourcement, ce renouvellement des forces. Dieu est toujours présent dans l'univers, mais confie à l'homme la charge de prendre le relais, de ramener la vie dans le monde. La grandeur de l'humilité, on l'a dit, c'est la possibilité de donner à l'autre sa propre grandeur.

J.E. : En quelque sorte, nous sommes l'instrument, l'associé de Dieu dans ce processus de résurrection des pauvres. Si les hommes ne manifestent pas leur solidarité, Dieu ne peut rien faire. Dieu nous confie la tâche d'achever son œuvre.

B.G. : Et cette œuvre n'est pas, pour Dieu, secondaire. La présence de Dieu dans le monde à travers l'action de l'homme est essentielle, parce que Dieu a un projet pour l'univers. Même si elle est difficile à comprendre pour nous en termes logiques, cette union de la transcendance et de l'immanence sous un même regard nous montre que l'histoire a un sens, qu'elle exprime la volonté profonde de Dieu. C'est cela, peut-être, le message essentiel du judaïsme : l'histoire du monde n'est pas absurde, elle doit être lue comme le projet de Dieu d'amener l'humain à la hauteur du divin.

Les trois dimensions de l'unité divine

Avec Benjamin Gross

JOSY EISENBERG : La connaissance de Dieu, dans le judaïsme, passe nécessairement par l'étude d'un verset fondamental, le premier du *Chema' Israël* : « Écoute, Israël, l'Éternel est notre Dieu, l'Éternel est Un. » Ce verset constitue la profession de foi du judaïsme, et il est récité trois fois par jour : pendant la prière du matin, pendant la prière du soir et au coucher. Enfin, nous le disons en principe une dernière fois de notre vie, au soir de l'existence : la prière des agonisants consiste aussi essentiellement en ce verset.

Pourtant, si cette formule paraît très simple, des milliers de commentaires ont été écrits dessus. Elle recèle en effet d'infinies significations.

BENJAMIN GROSS : Ce verset est enseigné par Moïse aux Hébreux à la fin de sa vie, alors qu'ils s'apprêtent à entrer, sans lui, en terre d'Israël. C'est pourquoi, en ce dernier jour, il leur rappelle en quelque sorte le principe de toute la Loi. Il faut se rappeler que ces Hébreux ne sont pas la génération de ceux qui se sont tenus au pied du mont Sinaï quelque quarante ans auparavant. Cette « génération du désert » a disparu, et ce sont ses fils qui vont hériter de la promesse. C'est pourquoi Moïse profite de ce dernier instant pour leur enseigner de nouveau toute la Torah. C'est ce qui constitue le Livre de *Devarim*, « les Paroles [de Moïse] », qu'on appelle en français Deutéronome[1]. Moïse répète notamment aux Hébreux les Dix Paroles prononcées par Dieu au Sinaï.

J.E. : On trouve dans le Talmud une discussion quant à savoir quel est le plus grand principe de la Torah. On raconte notamment l'histoire d'un païen qui voulait se convertir au judaïsme à la condition qu'on lui enseigne toute la Torah pendant qu'il se tient en équilibre sur un seul pied. Il va d'abord voir Chammaï, qui refuse cette condition farfelue. Il se rend alors chez Hillel[2], qui accepte et lui dit « "Tu aimeras ton prochain comme toi-même[3]" : voilà l'essentiel de la Torah, le reste en est le commentaire. Va et étudie. » On remarque qu'il ne lui dit pas que

---

1. *Deuteronomos* signifie en grec « répétition de la Loi ». Les Sages du Talmud appellent parfois ce livre *Michné Torah*, qui signifie la même chose.
2. Hillel et Chammaï : Sages du début de l'ère chrétienne, ils sont à l'origine de deux grandes écoles dont les discussions forment la base du Talmud.
3. « Tu aimeras ton prochain comme toi-même » : contrairement à ce que l'on croit souvent, cette formule n'est pas une innovation de Jésus. Elle se trouve dans la Torah de Moïse (Lévitique 19, 18).

l'essentiel de la Torah serait : « Il n'y a qu'un seul Dieu. » Il choisit un autre verset biblique. On a l'impression qu'il y a ainsi deux grandes bases du judaïsme : celle de l'unité divine – c'est celle que Moïse a voulu implanter dans la conscience juive – et celle de l'amour du prochain, sur laquelle Hillel met l'accent.

B.G. : On pourrait dire simplement que Hillel a estimé que cette idée d'unité divine était trop abstraite, trop radicale pour ce candidat à la conversion. Peut-être peut-on aussi penser que Hillel a estimé que l'amour des hommes est en fait le meilleur moyen d'arriver à l'unité divine.

Il faut aussi remarquer que si, selon le sens littéral de la Bible, la formule « Écoute, Israël, l'Éternel est notre Dieu, l'Éternel est Un » a été prononcée par Moïse avant l'entrée des Hébreux en Terre sainte, le Midrach nous indique qu'il n'est pas l'inventeur de cette formule, mais qu'elle a été prononcée par les fils de Jacob lorsque ce dernier était sur son lit de mort. Jacob, au soir de sa vie, réunit ses enfants et leur dit : « Venez, que je vous révèle ce qui se passera à la fin des jours », c'est-à-dire à la fin des temps. Et pourtant, dans la suite du texte, il ne leur parle pas du tout, apparemment, de ce qui se passera à la fin des temps ; plutôt, il les bénit. Le Midrach explique qu'à ce moment précis, la prophétie s'est écartée de lui, et il n'a pas pu leur révéler le secret de la fin de l'histoire. Pourquoi ? Parce qu'il a un moment d'hésitation. Il se demande si ses douze enfants, qui commencent déjà à se constituer en douze tribus, seront dignes de l'identité juive, s'ils seront capables de porter le fardeau de l'histoire jusqu'au bout.

J.E. : Cette histoire est très touchante, parce qu'elle rejoint les préoccupations de chaque père juif depuis Jacob jusqu'à aujourd'hui : « Est-ce que mes enfants vont reprendre le flambeau ? » Et là, les enfants de Jacob comprennent que leur père hésite, et pourquoi il hésite. Alors ils le rassurent...

B.G. : ... Et ils lui disent : « Écoute, Israël[1], l'Éternel est notre Dieu, l'Éternel est Un. » C'est-à-dire : « Écoute, père, rassure-toi. L'Éternel ton Dieu est aussi notre Dieu, car nous savons que l'Éternel est Un. » Ce texte fondateur du monothéisme signifie ainsi : « Nous sommes prêts à prendre le relais. » Ils lui assurent que son Dieu, ils Le font leur, ils ont chacun un rapport particulier avec Lui, mais c'est le même Dieu car Il est Un. Ils savent que chaque époque a sa propre compréhension de Dieu, que le monothéisme doit se réinventer à chaque génération. En particulier, les fils de Jacob se trouvent à la charnière entre l'époque des Patriarches, pour qui le monothéisme était une croyance personnelle, limitée à la famille et aux proches, et l'époque de la naissance du peuple juif, où Dieu va se manifester dans l'histoire universelle en délivrant son peuple d'Égypte et

---

1. Israël est l'autre nom de Jacob.

en lui donnant la Torah au Sinaï. Et ils rassurent Jacob en lui disant : « Non seulement nous serons tes continuateurs, mais nous saurons assumer la tâche de faire rentrer Dieu dans l'histoire : nous trouverons la force de réinterpréter le monothéisme à travers les âges. »

Cela nous permet de comprendre l'interprétation que Rachi donne de ce verset. Il y lit non pas une parole de Moïse concernant le présent des Hébreux qui s'apprêtent à entrer en Terre sainte, non pas un rappel de la promesse faite dans le passé par les fils de Jacob, mais un message pour l'avenir. Il comprend ainsi : « L'Éternel, qui n'est pour l'instant que notre Dieu, le Dieu d'Israël, sera un jour le Dieu unique, le Dieu de toutes les nations. » Nous qui discutons aujourd'hui à Jérusalem sommes les témoins privilégiés de la vérité de cette promesse, qui pouvait paraître insensée à l'époque de la Bible, où toutes les nations étaient idolâtres. Aujourd'hui, l'immense majorité des habitants de la Terre est chrétienne ou musulmane, et ils reconnaissent tous le Dieu d'Israël comme le Dieu unique.

On voit, à travers cette triple lecture du *Chema' Israël*, que le monothéisme n'est pas une notion statique. On ne peut pas dire que le judaïsme a inventé le monothéisme et que, dès lors, tout a été dit. Cette unité doit être proclamée et repensée à chaque époque selon des termes nouveaux. C'est ce que le Midrach nous enseigne : le monothéisme est une lutte, et pas un dogme posé une fois pour toutes. C'est en cela, notamment, que le monothéisme musulman n'est pas identique au monothéisme juif, même s'il en est très proche. Le monothéisme juif est en devenir, une dynamique qui se vit dans l'histoire.

J.E. : Vous avez indiqué trois grandes étapes dans l'histoire du monothéisme juif. Il y a d'abord l'époque des Patriarches Abraham, Isaac et Jacob, qui ont un rapport extrêmement pur au monothéisme. Puis vient l'époque des douze tribus, l'histoire juive proprement dite. Elle est marquée par le doute de Jacob, le retrait de la prophétie. Dans quelle mesure les Juifs vont-ils rester fidèles à la Parole ? On sait que dans le passé, à l'époque des rois, le peuple juif a plusieurs fois sombré dans l'idolâtrie. Aujourd'hui aussi, il y a des Juifs qui, sans être idolâtres, ne croient pas en Dieu. Jacob a vu tout cela. Mais le Midrach nous dit aussi qu'à la troisième époque, à la fin des temps, le peuple juif deviendra exactement fidèle à la Parole, à l'instar des Patriarches, et que ce monothéisme accompli se répandra sur toute la Terre. C'est une grande leçon d'optimisme qui nous aide à surmonter nos doutes quotidiens quant à l'avenir du peuple juif.

B.G. : Au fond, si la prophétie a quitté Jacob au moment où il voulait révéler à ses fils la fin des temps, c'est peut-être une bonne chose. À la place de cette révélation, nous avons gagné une assurance résumée par le *Chema' Israël*, à savoir que la fin des temps verra la proclamation parfaite de l'unité divine. Au fond, ce qui importe, ce n'est pas tant de savoir quand et comment se déroulera la fin des temps, mais d'avoir conscience du but de l'histoire.

Continuer, tous les jours, à réciter le *Chema' Israël*, continuer à réfléchir sur le monothéisme, voilà ce qui est important. D'ailleurs, dans la Torah, le *'ayin* final du mot *chema'* et le *daleth* final du mot *Ehad*, « Un », sont écrits avec de grandes lettres. Et ces deux lettres forment le mot *'ed*, « témoin ». Il faut, et il suffit peut-être, qu'il y ait un peuple qui témoigne de ce monothéisme pour que cette idée pénètre le monde et repousse la tentation de l'idolâtrie, toujours présente. Il faut qu'il y ait un peuple qui non seulement soit porteur de cette idée, mais la vive intimement pour que l'histoire puisse avoir un sens et qu'elle aboutisse à l'universalité du Dieu unique.

J.E. : C'est que disait Isaïe : « Vous êtes mes témoins » (Isaïe, 43, 10).

Les Noms de Dieu

Avec le grand rabbin Michel Gugenheim

JOSY EISENBERG : Monsieur le grand rabbin Michel Gugenheim, je voulais partager une expérience avec vous. Quand j'ai proposé à des rabbins de venir parler de Dieu, certains m'ont répondu : « C'est-à-dire... En général, on n'a pas l'habitude de parler de Dieu en tant que tel... Au fond, est-ce que c'est vraiment nécessaire ? » Qu'est-ce qui, personnellement, vous incite à venir parler de Dieu ?

MICHEL GUGENHEIM : Dieu étant constamment présent dans nos pensées, cela me paraît tout à fait normal d'en parler. Je comprends la réticence de certains, dans la mesure où la tradition juive a toujours affirmé qu'on ne peut rien dire de Dieu dans son essence infinie, car les mots sont toujours inaptes à saisir sa réalité. Mais puisque nous sommes en relation avec Dieu, il est tout à fait légitime de parler de ce qui fait cette relation.

J.E. : La tradition juive insiste beaucoup sur le devoir de chacun de se figurer en présence de Dieu, comme le dit la formule du *Traité des Pères* : « Sache devant qui tu te tiens. » On retrouve aussi cette idée dans les Psaumes (16, 8) : « Je place (*chiviti*) constamment Dieu face à moi. » D'ailleurs, ce verset a donné naissance à une tradition qui consiste à placer dans les synagogues et même parfois chez les particuliers des tableaux composés de Noms divins, appelés *chiviti*, pour se rappeler cette présence. On pourrait ainsi se demander si ce devoir de se rappeler constamment la présence de Dieu ne sous-entend pas que nous avons une tendance naturelle à l'oublier.

M.G. : Avant même les *chiviti*, la Bible nous fait obligation de nous rappeler la présence divine à travers des objets rituels comme la *mezouza*[1] ou les *tefillin*[2], dont la sainteté dérive précisément du fait qu'ils contiennent des Noms divins. Et les *tefillin*, d'ailleurs, sont appelés « souvenir » dans la Bible (Exode 13, 9), parce qu'ils ont pour fonction de rappeler à nos pensées la présence divine.

On voit que ce rappel constant de la présence divine passe par les Noms divins. C'est pourquoi j'aimerais que nous nous intéressions à un passage très

---

1. *Mezouza* : morceau de parchemin où sont calligraphiés les deux premiers paragraphes du *Chema' Israël*, que l'on fixe au montant droit de chaque porte d'une habitation.
2. *Tefillin* : boîtiers de cuir de forme cubique portés au-dessus du front et sur le biceps gauche pendant la prière du matin, qui contiennent chacun quatre passages bibliques écrits sur parchemin.

particulier, vers le début de l'Exode (6, 2-3), qui met en rapport plusieurs Noms divins : « Elohim parla à Moïse et lui dit : Je suis YHVH. Je me suis montré à Abraham, à Isaac et à Jacob comme El Chaddaï, mais mon nom YHVH, Je ne leur ai pas fait connaître. » Dieu se présente ainsi sous quatre noms : Elohim, El, Chaddaï, et le Tétragramme ineffable, YHVH. Dieu nous dit que Lui, Elohim, est YHVH, mais qu'Il s'est montré aux Patriarches sous un autre Nom, El Chaddaï. Il faut donc comprendre en quoi YHVH « s'oppose » à Elohim et à El Chaddaï, et pourquoi Dieu a, en quelque sorte, plusieurs identités.

L'un des points fondamentaux de la tradition juive est que le Nom Elohim exprime la stricte justice divine, la sévérité, tandis que YHVH exprime la miséricorde, le pardon. On peut ainsi traduire le premier verset ainsi : « Le Dieu de justice dit à Moïse : Je suis le Dieu de miséricorde. » Ce verset est, en réalité, une attaque en règle contre les fondations du polythéisme. Pour le polythéisme, chaque dieu a sa fonction, c'est pour cela qu'il y en a plusieurs : un même dieu ne peut pas être le dieu du jour et de la nuit, de l'été et de l'hiver, de la vie et de la mort. La racine du polythéisme, c'est le dualisme. Et notre verset vient mettre à bas tout cela en disant : « Moi, le Dieu de justice, Je suis précisément le Dieu de miséricorde. » Le châtiment et le pardon, le mal et le bien trouvent leur source dans le même Dieu. Mais ce n'est certes pas facile à comprendre.

J.E. : Cela nous renvoie en tout cas à notre expérience spirituelle intime : notre rapport à Dieu change selon les moments de notre vie, et on a presque envie de Le nommer autrement selon la manière dont on se situe par rapport à Lui. Ainsi que le dit le Talmud : « Dieu dit : Parfois J'apparais comme un jeune homme, parfois comme un vieillard », c'est-à-dire que, suivant notre comportement, on a tendance à considérer Dieu parfois comme un jeune père sévère, parfois comme un grand-père débonnaire.

M.G. : En même temps, ce changement n'existe que de notre point de vue. Dieu est constant dans son rapport aux hommes, ce sont ces derniers qui changent de regard. La tradition compare l'action de Dieu à celle du soleil : quand vous mettez un linge à sécher, il blanchit, quand vous exposez votre peau, elle brunit. Le soleil, lui, a émis les mêmes rayons, mais les deux matières ont réagi de manière diamétralement opposée. Et pourtant, il n'en est pas moins difficile d'admettre que le mal ne serait qu'une illusion, qu'il serait une simple question de point de vue. Il existe des événements qui sont objectivement mauvais. Comment, dès lors, les attribuer à Dieu ?

C'est pourtant ce que Dieu dit à Moïse. Juste avant les versets que nous venons de citer, Moïse s'était présenté devant Pharaon, sur ordre divin, pour demander qu'il laisse partir les Hébreux. Et Pharaon avait répliqué en durcissant encore les conditions de l'esclavage. Moïse dit alors à Dieu : « Pourquoi m'as-Tu envoyé ? La situation est pire qu'avant ! Si Tu savais comment Pharaon allait réagir, à quoi tout cela a-t-il servi, sinon à faire empirer les choses ? » Et Dieu lui répond : « Ce que tu perçois comme un châtiment, sache que c'est en fait un acte de miséricorde », que ce mal n'est que subjectif et qu'il vise une fin entièrement bonne. Mais comment cela est-il possible, en quoi est-ce une consolation pour ceux qui souffrent réellement, objectivement ?

Le second verset est une réponse à cela : « Je me suis montré en tant que El Chaddaï, mais Je ne me suis pas fait connaître comme YHVH. » Comme le remarquent les commentateurs, on ne peut pas prendre ce verset au sens premier puisque, partout dans la Genèse, on peut lire : « YHVH dit à Abraham », « YHVH dit à Jacob »... En fait, ces deux Noms, El Chaddaï et YHVH, expriment deux modalités différentes de la Providence, de l'intervention divine dans le monde. El Chaddaï renvoie à l'action de Dieu qui se manifeste sous l'aspect d'événements naturels, donc de manière masquée. Le Tétragramme, lui, renvoie à l'action miraculeuse, lorsque Dieu bouleverse l'ordre naturel pour intervenir explicitement dans le monde.

J.E. : Il y aurait ainsi deux formes de Providence, deux formes d'amour divin : parfois elle s'exerce à travers la nature, sans que nous ressentions son origine divine, et parfois elle s'exerce de manière spectaculaire. Les Patriarches n'auraient connu que la première forme, et Dieu annonce ici à Moïse que les Hébreux vont avoir le mérite de connaître la seconde, à travers les Dix Plaies et l'ouverture de la mer Rouge.

M.G. : El Chaddaï renvoie, « étymologiquement » pourrait-on dire, à cette action à travers la nature.

Chaddaï est lu par la tradition comme l'acronyme de *CHE-amar le-'olamo DAÏ*, « Celui qui a dit au monde : Ça suffit ». Il exprime Dieu en tant qu'il met des limites à la nature, qu'il l'« enferme » dans des lois immuables ; par là même, le Dieu infini se met au niveau du fini et s'exprime à travers la loi de la nature.

J.E. : Dieu nous aime donc aussi à travers la loi qu'Il nous donne du fait que nous appartenons à la nature. Il nous aime à travers les limites de la vie même, parce que seul un monde défini par des limites pouvait exister face à Dieu. Il y a donc un Dieu d'amour dans la Loi, El Chaddaï, et un Dieu d'amour qui « casse » la loi naturelle, YHVH.

M.G. : Maintenant, en quoi le Tétragramme exprime-t-il ce dépassement de la loi naturelle ? Le Tétragramme est formé, nous dit la tradition, de la combinaison du verbe « être » conjugué au passé, présent et futur : « Je fus, Je suis et Je serai ». Il exprime donc Dieu dans son éternité ; c'est pourquoi on traduit généralement le Tétragramme par « l'Éternel ». Or, une des raisons pour lesquelles le mal est perçu comme tel vient de ce nous avons une vision fragmentaire de l'histoire : sous l'aspect de l'éternité, le mal prend sens comme effet de la miséricorde divine. On peut comparer cela, de manière quelque peu triviale, à un film qu'on prendrait au milieu et qu'on arrêterait avant la fin. Tous les événements vont nous paraître incohérents, surtout si le scénario est bien ficelé.

J.E. : Si on prend un film au moment où les « méchants » triomphent des « gentils », et qu'on ne voit ni le début ni surtout la fin, on va se dire : « Le monde est injuste, c'est la victoire du mal. »

M.G. : Or, dans l'histoire du monde, non seulement nous sommes dans l'impossibilité de connaître la fin, mais même les événements du passé nous paraissent parfois absurdes, incohérents. C'est pourquoi l'origine du mal est pour nous un mystère. Voilà ce que répond Dieu à Moïse : « Sache que jusqu'à présent vous étiez dans la dimension de El Chaddaï. Les Patriarches n'ont connu que cette dimension : le fait que le mal soit en vérité un bien était pour eux un pur acte de foi. Mais vous, vous allez mériter de vérifier de vos propres yeux, de manière miraculeuse, que du mal sort le bien, comment l'esclavage le plus dur peut préparer la libération la plus totale. »

J.E. : Il n'en reste pas moins que, pour nous, cette vérité reste un acte de foi. Comment répondre à quelqu'un qui perd un enfant, qui voit ses proches souffrir ? L'affirmation d'une vérité théologique ne peut pas, généralement, consoler les endeuillés. Il faut quand même faire appel aux ressources infinies de la foi.

M.G. : Et c'est effectivement ce que Dieu dit à Moïse. Il ne lui dit pas de transmettre aux fils d'Israël tout ce discours sur les Noms divins. Il lui dit juste : « Dis-leur que Je suis YHVH », c'est-à-dire : « Transmets-leur cette promesse, cette assurance à laquelle il leur faut donner crédit par un acte de foi. » Et c'est ce crédit-là, cette assurance que tout le mal n'existe qu'en vue du bien le plus haut, qui a permis au peuple juif de se maintenir tout au long de son histoire.

J.E. : Autrement dit, si je peux me permettre cette boutade : être juif, c'est être le banquier de Dieu, c'est lui faire crédit.

« Je serai qui Je serai »

Avec Marc-Alain Ouaknin

JOSY EISENBERG : Le judaïsme a ceci de particulier qu'il attribue à Dieu un certain nombre de Noms. On voit que Moïse, lui-même, a posé la question à Dieu :
« *Quand j'irai vers les fils d'Israël, que je leur annoncerai que le Dieu de leurs pères m'envoie vers eux et qu'ils me demanderont quel est son Nom, que leur répondrai-je ?* »

Pourtant, est-il nécessaire que Dieu ait un Nom ? Les cabbalistes, et à leur suite les maîtres du hassidisme, expliquent qu'en soi Dieu n'a pas de Nom. En effet, un nom ne sert qu'aux autres. Mon propre nom ne m'apprend rien de qui je suis. Il sert à ce que les autres puissent me distinguer de mes semblables, de la « foule anonyme ». Le nom est un instrument « préhensif », qui permet à quelqu'un de vous saisir, de vous comprendre et de vous interpeller. Mais Dieu, avec qui pourrait-on Le confondre ? Que les dieux du polythéisme aient des noms, on le comprend, mais le Dieu unique ? Et s'Il n'a même pas besoin d'un seul Nom, pourquoi la Bible lui en donne-t-elle plusieurs ?

Les cabbalistes expliquent que les Noms de Dieu, et les noms en général, sont extérieurs à ce qu'ils désignent et qu'ils signifient, non pas la chose même, mais le rapport que cette chose entretient avec le monde. Ainsi, tous les Noms divins sont des surnoms (*kinouyim*, dans le langage de la grammaire juive repris par les philosophes). Comme le dit rabbi Chnéour Zalman de Liady : « Ce sont des surnoms que Dieu s'est donné pour que les gens puissent Lui parler. » Alors, Dieu a-t-il ou non un Nom ?

MARC-ALAIN OUAKNIN : La problématique du nom est une problématique du langage. Comment nommer quelqu'un qui n'est pas nommable ? Comment renvoyer à quelqu'un à qui on ne peut pas renvoyer ? Lorsque je dis : « Un livre », le son « livre » renvoie à un objet « livre », c'est-à-dire que le mot et la chose sont liés, ils renvoient l'un à l'autre et ils existent tous les deux au sein de la réalité physique. Mais comment un son matériel, ou même une pensée, pourraient-ils renvoyer à Celui qui est au-delà du monde et de la pensée ? Donner un nom, c'est poser une limite : cette chose est un « livre », elle n'est donc pas une « chaise ». Mais Dieu outrepasse toute limite, toute définition, il n'y a rien en dehors de Lui.

En fait, la doctrine juive des Noms de Dieu permet de sortir de l'idolâtrie. Quand Moïse demande à Dieu son Nom, il ne le demande pas pour lui-même. Lui a déjà compris que Dieu n'est pas préhensible, qu'on ne peut pas, comme une idole, le faire entrer dans des catégories. Mais il pense aux enfants d'Israël qui vivent depuis des siècles dans un environnement idolâtre, avec tout un panthéon où tel dieu a tel nom et tel autre dieu tel autre nom. Il sait qu'ils vont lui demander : « Mais ton Dieu en question, qui t'envoie vers nous, comment s'appelle-t-Il ? » Alors Moïse retourne la question à Dieu : « Comment parler de Toi ? » Dieu lui répond : « Tu leur diras que mon Nom, ce n'est pas un nom, c'est un verbe : le verbe "Être", le verbe qui fait que Je ne peux pas m'installer dans une situation définitive. » Ce « *Ehyeh acher Ehyeh* » ne signifie pas, ne peut pas signifier, comme le traduisent presque toutes les Bibles : « Je suis Celui qui suis. » Si Dieu disait : « Je suis », cela voudrait dire qu'Il peut s'installer dans un temps, dans un instant donné ; or le génie du divin, de tout ce que le divin peut nous donner à percevoir, c'est l'impossibilité de s'arrêter dans le temps, de ne surtout pas enfermer Dieu dans un concept. C'est pour cela que Dieu dit, non pas : « Je suis Celui qui suis », mais plutôt : « Je serai Celui qui sera encore. » Et l'on traduit comme suit : « Je serai Celui qui sera » ou « Celui que Je serai ».

J.E. : Les rabbins, d'une manière générale, ont compris que ce verset venait nous enseigner que Dieu ne peut pas être enfermé dans une catégorie particulière, parce que Dieu est multiple. Il y a un paradoxe proprement juif à dire : « Il n'y a qu'un seul Dieu », et à ajouter immédiatement que ce Dieu a des manifestations multiples. Ainsi que le dit le Talmud, « tantôt c'est un Dieu d'amour et de miséricorde, qui fait des miracles pour nous, qui nous sauve de la maladie, tantôt c'est un Dieu rigoureux qui juge l'humanité, qui envoie la sécheresse, qui n'empêche pas les guerres ». C'est pourquoi Dieu dit : « On ne peut pas dire qui Je suis, mais on peut dire que Je serai, tout le temps, de manière multiple et différente. »

M.-A.O. : Cela n'est pas seulement vrai que du point de vue de Dieu Lui-même. Dans ce même épisode où Dieu se révèle à Moïse dans le buisson ardent, Il lui dit : « Je suis le Dieu de ton père, le Dieu d'Abraham, le Dieu d'Isaac et le Dieu de Jacob. » Les maîtres du Talmud posent la question : « Dieu aurait pu se contenter de dire : le Dieu d'Abraham, d'Isaac et de Jacob ! Pourquoi cette redondance ? » Et il répond : « Parce que la perception d'un homme est différente de la perception d'un autre homme. » Dieu est un Dieu « personnel ». Chacun des Patriarches a sa vision propre de Dieu, son propre rapport à Lui. Et cela est vrai pour tout être humain, lorsqu'il parle de Dieu ou lorsqu'il pense à Dieu. Chaque être humain a un regard unique sur Dieu.

J.E. : Il en va comme de l'amour : tout le monde prononce le même mot, mais personne ne pense exactement à la même chose.

M.-A.O. : Cette multiplicité est une des dimensions du divin, parce que si celui-ci pouvait être enfermé dans une catégorie claire, il serait de l'ordre de l'idole. Rachi donne par ailleurs du verset « *Ehyeh acher Ehyeh* », « Je serai qui Je serai », une interprétation « historique » : « Je serai avec vous dans l'histoire future comme Je suis maintenant avec vous dans l'exil d'Égypte, et J'entends votre souffrance. »

J.E. : L'interprétation de Rachi trouve sa source dans un dialogue tragi-comique entre Dieu et Moïse que rapporte le Talmud. Quand Dieu dit : « Je serai qui Je serai », Il dit en fait à Moïse : « Je serai avec vous dans les persécutions futures comme dans les persécutions présentes. » Et Moïse s'écrie : « Comment ? Tu veux que j'annonce aux fils d'Israël qu'après l'esclavage d'Égypte, il y aura d'autres persécutions ? » C'est-à-dire : « Est-ce bien le moment de leur annoncer maintenant qu'ils auront encore à subir les exils, l'errance, l'Inquisition, Auschwitz ? Dans ces conditions, les Hébreux ne voudront jamais devenir juifs ! » C'est alors que Dieu lui dit : « Tu as raison. Dis-leur simplement : "Je serai" m'envoie vers vous. » C'est pourquoi le verset dit : « Dieu dit à Moïse : *"Ehyeh acher ehyeh."* Puis Il lui dit : "Voici ce que tu diras aux fils d'Israël : *Ehyeh* m'envoie vers vous." »

M.-A.O. : Le verset suivant (Exode 3, 15) est également très instructif :

« *Dieu dit encore à Moïse : "Voici ce que tu diras aux fils d'Israël : YHVH, le Dieu de votre père, le Dieu d'Abraham, le Dieu d'Isaac, le Dieu de Jacob, m'envoie vers vous ; tel est mon Nom pour l'éternité, et telle est ma mention pour les générations."* »

Dieu envoie Moïse au Nom du Tétragramme, YHVH. Mais il précise : « Ceci est mon Nom, et ceci est ma mention. » Quelle est la différence entre le « nom » et la « mention » ? Le Talmud explique que l'expression « Tel est mon Nom pour l'éternité (*le-'olam*) » peut aussi bien être lue « Tel est mon Nom pour être caché (*le-'alem*) ». Cela signifie que le Tétragramme doit être « caché », qu'il ne doit pas être prononcé tel quel, mais qu'on doit le remplacer, quand on parle, par une « mention », une périphrase en quelque sorte. Cette « mention », c'est le Nom Adonaï, qui signifie « mon Seigneur ». C'est pourquoi, dans la lecture rituelle de la Torah ou dans la prière, on remplace le Tétragramme par « Adonaï », et que dans toutes les autres occasions on dit simplement « Hachem », « le Nom ». Le Tétragramme n'est pas Dieu Lui-même, c'est son Nom ; mais ce Nom est tellement sacré qu'on le remplace par un autre nom, Adonaï. Adonaï est en quelque sorte le nom du Nom de Dieu : il y a ainsi une chaîne de renvois qui se met en place et qui nous fait immédiatement rentrer dans le jeu de l'interprétation, de la signification.

Pourtant, même si on ne le prononce pas, rien ne nous interdit d'analyser ce Tétragramme. Que signifient ces quatre lettres, YHVH ? En fait, ce Nom est une combinaison du verbe « Être » conjugué au présent, au passé et au futur : *HaYaH*, « Il fut », *HoVeH*, « Il est », *YiHYeH*, « Il sera ». Il fait coexister toutes les dimensions du temps. Plus précisément, on peut le lire comme un présent, *HoVeH*, précédé de la marque du futur, *Y-*, comme si le présent était constamment poussé vers le futur : Dieu est toujours présent, mais Il ne s'installe jamais dans un présent définitif.

J.E. : On retrouve cette idée dans un très beau chant, *Adon 'Olam*, « Seigneur du monde » ou « Seigneur éternel », qui est chanté tous les chabbats chez les séfarades et tous les matins chez les achkénazes. Il commence ainsi :

> « *Seigneur du monde, Dieu a régné*
> *Avant que rien ne fût créé*
> *Lorsque Dieu créa par sa volonté*
> *Du Nom de roi Dieu fut nommé*
> *Et quand tout sera consommé,*
> *Seul Dieu régnera redouté*
> *Dieu fut, est, et sera.*
> *Et toujours Dieu resplendira*[1]. »

On peut ainsi dire de Dieu qu'Il est au-delà des catégories du temps, que pour Lui le passé, le présent et le futur n'existent pas : Il est de tous les temps.

M.-A.O. : De façon assez subtile, les textes de la tradition n'insistent pas tant sur l'éternité de Dieu, qu'on pourrait entendre dans votre expression « Il est de tous les temps », que sur sa présence constante à l'intérieur du temps. Il est la vie, qui est la condition même du temps.

---

1. Traduction d'Edmond Fleg.

Le Juif a un rapport intime avec le Tétragramme. « Juif » vient de *Yéhoudah*, « Juda ». Or, le nom *YéHoUDaH* s'écrit comme le Tétragramme YHVH avec un *D* au milieu[1]. Ce *D*, c'est la lettre *daleth*, qui signifie la « porte ». Être juif, c'est donc être la porte qui permet d'entrer dans les trois dimensions du temps : passé, présent et futur. Cela suppose d'accéder à sa propre temporalité, de ne pas se penser comme un « être » définitif, mais de se donner la chance d'une existence dans le temps qui est en train de se faire.

J.E. : On peut citer, pour finir, un verset des Prophètes (Zacharie 14, 9) :
« *L'Éternel sera Roi sur toute la terre ; en ce jour l'Éternel sera Un et son Nom Un.* »
Le verbe « sera », *YiHYeH*, est très proche du Tétragramme, à ceci près que le *vav* est remplacé par un *yod*. Or, le *vav* a pour valeur numérique 6, il renvoie au temps du monde, aux six Jours de la Création ; et il est dessiné comme une ligne verticale ו, qui indique la linéarité du temps. Ce que ce verset nous dit, c'est que le Tétragramme, à la fin des temps, s'écrira YHYH, que le temps de l'histoire sera aboli pour être remplacé par le point du *yod* י, le symbole de l'éternel présent. Et le Tétragramme sera alors symétrique, *YH-YH*, car les deux faces de Dieu, transcendant et immanent, seront conjointes à la fin de l'histoire.

---

1. Le u et le v transcrivent tous deux la lettre hébraïque *vav*.

« Trois fois saint »

Avec Benjamin Gross

JOSY EISENBERG : Notre rapport à Dieu s'exprime non seulement dans le fait que nous cherchons à Le connaître – ce qui prend toute une vie –, mais aussi dans le fait que nous parlons de Lui – je dirais presque que nous « parlons Dieu » : nous rendons Dieu présent par la parole. En cela, nous sommes semblables aux anges qui proclament (Isaïe 6, 3) :
« *Saint, saint, saint est Hachem Tsevaot, sa gloire remplit toute la terre.* »
Nous aussi, tous les jours, lors de la partie de la prière publique qu'on appelle *Kedoucha*[1], « Sanctification », nous sanctifions Dieu par ces mêmes mots, que nous introduisons par la formule :
« *Nous venons Te sanctifier avec tremblement, selon le discours mélodieux des saints séraphins qui Te récitent une triple sanctification, comme il est écrit*

---

1. *Kedoucha* : sanctification récitée lors des offices publics au moment de la répétition à haute voix de la *Amida*, partie centrale de la prière.

par ton prophète : "Ils s'interpellent l'un l'autre en disant..." »

Ou encore :

« *Viennent Te couronner, Éternel notre Dieu, les myriades d'anges de l'en haut et ton peuple Israël ici-bas, tous Te récitant une triple sanctification, selon la parole de ton prophète : "Ils s'appellent l'un l'autre en disant..."* »

Une des fonctions du Juif est donc de proclamer la sainteté de Dieu. Or, le concept même de sainteté est un concept difficile qui mérite commentaire, tout comme ce rapport d'imitation que nous entretenons avec les anges.

BENJAMIN GROSS : On peut remarquer, en préambule, qu'il n'y a pas de différence entre la prière des hommes et la prière des anges. La prière juive s'inscrit dans la prière cosmique. « Les cieux racontent la gloire de Dieu », lit-on dans les Psaumes ; toute la Création chante la gloire de Dieu et la prière juive s'inscrit dans cette louange cosmique.

Maintenant, que signifie la sainteté ? Elle signifie, pour Dieu, l'absolue liberté par rapport à toutes les contingences : Dieu est absolument transcendant, donc absolument différent. La « sainteté », *kedoucha* en hébreu, c'est l'absolue différence. Le Targoum Yonathan[1] traduit le verset « Saint, saint, saint... » de la façon suivante :

---

1. *Targoum Yonathan* : le Targoum est une traduction araméenne de la Bible, qui « colle » plus ou moins au texte et qui fait aussi office de commentaire. Le Targoum Yonathan sur les prophètes est attribué au Sage du Ier siècle Yonathan ben Ouziel.

« *Sainte est la résidence de sa présence au plus haut des cieux suprêmes, sainte est l'expression de sa puissance sur terre, saint Il est pour l'éternité et l'éternité des éternités.* »

Autrement dit, Dieu est absolument différent de tout ce qui existe, qu'on l'envisage du point de vue des réalités spirituelles, depuis notre monde, ou sous l'angle du temps. Cette absolue différence fait que Dieu ne peut pas être conçu selon des termes humains, ou même angéliques. Les hommes et les anges proclament que le respect dû à Dieu provient avant tout de cette absolue différence.

J.E. : On observe aujourd'hui que certaines personnes font justement ce choix de la différence : elles abandonnent le modèle social dominant et s'en vont vivre dans des communautés autonomes, par exemple à la campagne, préférant élever des chèvres et fabriquer du fromage plutôt que de devenir avocats d'affaires. Or, quand Dieu nous dit (Lévitique 19, 2) : « Soyez saints car Je suis saint », ne nous enjoint-Il pas à nous aussi de faire ce choix de la différence ? Mais différent par rapport à qui ?

B.G. : La sainteté comprise comme différence est en effet à la base de l'éthique juive : il s'agit de vivre autrement que la foule, de ne pas nécessairement se conformer aux normes communes. Même dans le cas des communautés néorurales ou autres que vous évoquez, je crois qu'il y a une recherche liée à la sainteté, en tout cas à l'idée que la vie doit avoir un sens.

Si l'on veut maintenant comprendre le sens de ce « trois fois saint », il faut nous intéresser au contexte de la vision d'Isaïe dans lequel ce verset apparaît. Isaïe dit (chap. 6) :

« *L'année de la mort du roi Ouziu, je vis Adonaï siégeant sur un trône élevé ; les pans de son manteau emplissent le palais. Des séraphins se tiennent au-dessus de Lui, ayant six ailes chacun : avec deux d'entre elles, ils se cachent le visage, avec deux autres, ils dissimulent leurs pieds, et ils volent avec les deux dernières. Et ils s'interpellent l'un l'autre en disant : "Saint, saint, saint est Hachem Tsevaot, sa gloire remplit toute la terre."* »

Cette vision a lieu dans le Temple de Jérusalem, le lieu de l'Alliance entre Dieu et le peuple juif. Même si Isaïe prophétise que, deux siècles plus tard, le Temple sera détruit, il voit la sainteté de Dieu comme liée à ce lieu unique, que c'est à partir de là que la sainteté divine se répand sur toute la terre.

J.E. : Dans cette vision très didactique, on enseigne à Isaïe la symphonie cosmique, le vocabulaire des anges et l'organisation de leur temps. Et que disent les anges ? Deux choses contradictoires en apparence, mais en vérité complémentaires : « Dieu est saint » et « sa présence remplit le monde ». Isaïe nous dit aussi qu'il a peur. Est-ce simplement la proximité avec la Divinité qui provoque chez lui cette peur, ou est-ce plus profond ?

B.G. : C'est plus profond que cela. Il dit : « Malheur à moi, car je suis un homme aux lèvres impures, qui réside parmi un peuple aux lèvres impures... » Ce n'est pas tant la présence divine en tant que telle qu'il craint, que le fait que cette présence paradoxale de la sainteté, de la transcendance divine dans le monde crée un impératif, une mission, pour laquelle il ne se sent pas à la hauteur.

J.E. : La vision d'Isaïe dans le Temple contraste avec la vision d'Ézéchiel dont est tiré le deuxième verset de la *Kedoucha* que nous récitons pendant la prière (Ézéchiel 3, 12) : « Bénie soit la gloire de l'Éternel depuis son lieu. »

B.G. : Ézéchiel est, lui, un prophète de l'Exil. Les Juifs ont été déportés à Babylone, le Temple est détruit, et Ézéchiel se trouve parmi ces exilés babyloniens, loin de Dieu – pensent-ils. Or, le début de la vision d'Ézéchiel, la vision du Char divin ou *Merkava*, qui est peut-être la plus mystique de toute la Bible, signifie au sens premier qu'Ézéchiel voit Dieu non plus assis dans le Temple, mais en déplacement dans le monde. Il vient nous apprendre que, malgré la destruction du Temple, Dieu est toujours présent, sur un autre mode, dans le monde. C'est pour cela que la voix qu'Ézéchiel entend par la suite proclame : « Bénie soit la gloire de l'Éternel depuis son lieu » : bien que la présence divine ait quitté son lieu « naturel », bien que le Temple soit détruit et que cette présence ne soit plus ressentie de manière immédiate comme alors, cependant Dieu est toujours « béni », où qu'Il soit, même hors du Temple. *Kadoch* et *baroukh*, « saint » et

« béni », forment un couple de notions fondamental dans le judaïsme. *Kadoch* désigne Dieu dans sa transcendance, comme absolument autre, absolument ailleurs. *Baroukh* désigne Dieu comme proche de moi, tellement proche qu'il m'est possible de Le bénir. Cette dialectique entre *kadoch* et *baroukh* fait précisément la tension de l'histoire, la volonté de l'homme de faire entrer le Dieu transcendant dans l'immanence du monde.

Or, c'est précisément au moment où le Temple est détruit, où tout l'édifice traditionnel du judaïsme s'effondre, où les Juifs croient que Dieu les a abandonnés...

J.E. : Aujourd'hui on dirait que « Dieu est mort »...

B.G. : ... qu'Ézéchiel vient nous enseigner qu'il est possible de saisir la transcendance divine à un autre niveau, qu'il est possible de bénir Dieu où qu'Il se trouve, parce qu'Il est toujours présent de manière immanente.

J.E. : On retrouve cette idée dans la liturgie de Roch ha-Chana et de Kippour où un très beau chant a pour refrain « *Kadoch ou-Baroukh* », « À Celui qui siège dans les louanges, qui chevauche les nuées : saint et béni ». Dieu est à la fois absolument transcendant, Il « chevauche les nuées », et Il est pourtant présent dans ma prière, Il « siège dans les louanges », c'est pourquoi Il est « saint et béni ». Chaque fois que j'ouvre la bouche pour prononcer une prière, Dieu est dans cette prière.

B.G. : Cette double dimension de *kadoch* et *baroukh* est déjà présente au début de la Création. Du chabbat, il est dit (Genèse 2, 3) : « Dieu bénit le septième jour et le sanctifia. » Or, le chabbat est précisément cette présence de Dieu dans le temps, ce moment qui permet à l'homme d'accueillir la transcendance dans la vie quotidienne.

J.E. : Le chabbat, c'est aussi ce qui permet, au quotidien, de vivre autrement. C'est la réalisation, pour les Juifs, de ce désir d'avoir une autre vie, hors de la routine, dont nous parlions tout à l'heure.

B.G. : Justement, à la question que vous avez posée : « Faire le choix de la différence, mais différent de qui, de quoi ? », le chabbat vient nous apporter la réponse : différent des jours de la semaine, différent de la vie profane. Faire qu'au sein du temps profane, il existe un temps autre, le chabbat ; qu'au sein de l'espace profane, il existe un lieu autre, le Temple, afin d'instaurer dans l'espace et le temps un rapport privilégié à Dieu : c'est cela, la sainteté.

Si on a bien compris ce que signifient *kadoch* et *baroukh*, on peut prendre la pleine mesure du troisième et dernier verset de la *Kedoucha* : « L'Éternel régnera à jamais, ton Dieu, Sion, de génération en génération, Hallélouyah » (Psaumes 146, 10), qui est un écho à un verset du cantique de la mer Rouge :

« L'Éternel régnera à jamais » (Exode 15, 18). On comprend qu'il exprime l'espoir qu'aboutisse cet effort accompli par le peuple juif pour l'ensemble de l'humanité de réunir *kadoch* et *baroukh*, la sainteté et la bénédiction, d'introduire la transcendance dans la vie afin que la connaissance de Dieu se répande dans le monde entier et que Dieu règne à tout jamais. Nous exprimons l'espoir que ce « vivre autrement », cette vision utopique devienne la vie naturelle de l'homme.

Portrait de Dieu en étudiant

Avec Benjamin Gross

JOSY EISENBERG : Je voudrais que nous évoquions ensemble un très curieux texte du Talmud qui décrit Dieu comme un étudiant en Torah.

BENJAMIN GROSS : C'est en effet une des idées directrices du Talmud que de nous présenter Dieu comme étudiant la Torah. Il faut savoir qu'à partir du moment où le Temple a été détruit par les Romains en l'an 68, et que les Juifs ont été exilés de leur terre, les maîtres du Talmud ont ressenti la nécessité de donner une couleur nouvelle, si je puis dire, au monothéisme juif, et ont représenté dans leur enseignement un Dieu qui étudie la Torah. On dit ainsi, dans le Talmud, que « Dieu ne réside plus qu'entre les quatre coudées de la halakha[1] », c'est-à-dire que Dieu ne réside plus dans le Temple mais dans l'étude, qu'Il est parmi les étudiants et qu'Il étudie avec eux.

---
1. *Halakha* : Loi juive.

C'est ainsi qu'un texte du Talmud, dans le traité *'Avoda Zara*[1] (3b), nous décrit l'emploi du temps de Dieu. Selon ce texte, le quotidien de Dieu commence par trois heures consacrées à l'étude de la Torah. Cette idée, si on la prend au pied de la lettre, est évidemment absurde : pourquoi est-ce que Dieu aurait besoin d'étudier la Torah ?

J.E. : En effet, l'étude a pour fonction de me faire apprendre ce que je ne sais pas. L'idée que Dieu étudie est incompatible avec le principe d'un Dieu omniscient.

B.G. : Ce qui paraît encore plus absurde à première vue, mais qui va en fait nous éclairer, c'est que Dieu étudie non pas la Torah qu'Il a Lui-même donnée, mais l'interprétation que les hommes en donnent.

J.E. : En fait, il y a deux moments où l'on nous dit que Dieu étudie la Torah. Le Midrach sur la Genèse nous dit que Dieu, avant de créer le monde, a contemplé la Torah. En cet instant métaphysique, Dieu consulte la Torah comme un architecte son plan. La Torah est le plan de la Création, le projet qui la sous-tend. Ce premier moment est unique. Dans un second temps, une fois le monde créé, Dieu se consacre quotidiennement à étudier ce que les hommes font de cette Torah, comment ils la comprennent.

---

1. *'Avoda Zara* : traité consacré aux interdits relatifs à l'idolâtrie.

B.G. : Cela montre que l'étude de la Torah par Dieu n'est pas un événement unique à l'origine du monde, mais un phénomène permanent. Dieu Lui-même est « obligé » de l'étudier tous les jours, parce que l'interprétation que les hommes en donnent se renouvelle quotidiennement. Autrement dit, la Révélation n'est pas un dogme qui s'imposerait pour l'éternité de manière monolithique, mais suppose en elle-même le recours à l'interprétation humaine.

J.E. : On pourrait aussi dire que le fait que Dieu étudie la Torah des hommes signifie qu'Il examine méticuleusement ce que les hommes font de sa Révélation, d'une part, et du monde qu'Il a créé, d'autre part. Autrement dit, Dieu confie l'univers aux hommes, et ceux-ci en écrivent une sorte de chronique, que Dieu étudie. D'autre part, si l'on dit que Dieu étudie le Livre des hommes, cela n'est-il pas une façon de légitimer ce Livre des hommes qui, justement, n'a pas été écrit par Dieu ? Selon la tradition juive, Dieu a donné au Sinaï la Torah écrite et son interprétation, la Torah orale. Si le texte de la première est immuable, le contenu de la seconde s'élabore au fil des commentaires de chaque génération. Nous serions en quelque sorte les secrétaires de rédaction de Dieu, et Dieu étudierait le travail que nous faisons sur son texte en se disant : « Au fond, ils ont du talent, ils écrivent des choses intéressantes... »

B.G. : Il est intéressant de noter que cette vision de Dieu étudiant l'interprétation des hommes prend une place de plus en plus grande à l'époque talmudique, c'est-à-dire précisément durant les siècles où le christianisme naît et s'affirme. Or, le christianisme est fondé sur l'idée que la Torah, qu'ils appellent l'« Ancien Testament », ne peut plus être interprétée et qu'il faut donc, pour être en rapport avec Dieu, passer par le Nouveau Testament et par Jésus. La réponse juive à cette prétention, c'est justement de dire que la Torah de Dieu n'est pas dépassée, qu'elle n'est pas devenue caduque ou incompréhensible, mais qu'il appartient aux hommes de la réinterpréter, non pas en la remplaçant par un autre texte, mais en trouvant dans l'« ancienne » Torah les ressources nécessaires pour faire face aux défis du présent. L'idée que Dieu étudie constamment vient nous dire que la Révélation avait pris en compte le risque qu'il y avait à énoncer une vérité arrêtée et qu'elle a en conséquence laissé aux hommes un espace de création au sein même de la Torah. L'interprétation est donc un dialogue constamment renouvelé entre Dieu et le peuple juif : c'est une Révélation continuelle.

Cela a une influence sur notre conception même de Dieu. Dans la pensée grecque, chez Aristote par exemple, Dieu est une « pensée qui se pense elle-même ». Dieu fonctionne « en circuit fermé ». Dans la tradition juive, au contraire, par la Torah, Dieu est en lien avec la condition humaine, Il est en attente de l'interprétation humaine. Un passage célèbre du Talmud raconte que, lorsque Moïse est monté au ciel pour recevoir la Torah, il a vu Dieu qui accrochait des couronnes[1] à certaines lettres. Moïse a demandé à Dieu à quoi servaient ces couronnes, et Dieu lui a répondu : « Viendra un jour où un Sage, nommé rabbi Akiba ben Joseph, déduira de ces couronnes des montagnes d'interprétations. » Moïse a demandé à Dieu de lui montrer ce prodige, et Dieu l'a fait assister à une leçon de rabbi Akiva. Et Moïse fut complètement dépassé par cet enseignement, auquel il ne comprenait rien. Ainsi, dès le moment du Don de la Torah, Dieu prévoit que celle-ci contient des enseignements qui échapperont à Moïse et qui ne seront déduits, par interprétation, que plusieurs siècles plus tard.

Dieu, qui s'exprime dans la Torah, n'est donc pas une « pensée qui se pense elle-même », mais un interprète qui fait appel à l'autre pour donner à sa Révélation une tonalité valable pour toutes les périodes de l'histoire, qui se construit à travers une étude en compagnie de Dieu.

J.E. : Ainsi, la Torah, la Sagesse divine, n'est pas un absolu figé, elle est en perpétuel devenir. C'est aux hommes de la faire vivre et évoluer. Quand on comprend cela, quand on saisit l'honneur et la responsabilité qui nous incombent de créer avec Dieu la Torah, comment peut-on songer à se consacrer à autre chose qu'à l'étude ?

---

1. Couronnes : le texte de la Torah, tel qu'il est écrit sur rouleau de parchemin pour la lecture à la synagogue, ne comporte pas de voyelles, mais seulement les consonnes surmontées parfois de « couronnes » sans signification évidente.

On peut encore prendre une autre image : Dieu serait comme un chef d'orchestre, les hommes ses musiciens, et la Torah la partition. Dieu a donné la partition, Il indique le mouvement général, mais la symphonie qui naît est le résultat de l'interprétation de chaque musicien.

B.G. : À ceci près que c'est une partition qui se prête à des interprétations très différentes, qui laisse une grande place à la créativité personnelle. Quelqu'un qui interprète la Torah ne fait pas que reproduire les interprétations qui l'ont précédé. Les commentaires de la Torah ne sont pas de simples répétitions à l'infini de la même musique, mais de véritables créations. Même s'il existe des milliers de commentaires sur le Talmud ou la Bible, ils sont tous différents. Chacun a son approche, sa grille de lecture. Et plus on étudie ces commentaires, plus on comprend ce que chacun a d'unique. C'est une interprétation créatrice d'une nouvelle Torah, à laquelle chacun a la possibilité de participer avec l'assurance que Dieu étudiera sa parole.

J.E. : On trouve dans la cabbale puis dans le hassidisme l'idée que l'âme de chaque Juif correspond à une lettre différente dans la Torah, c'est-à-dire que chaque Juif est porteur d'une lecture unique, que lui seul peut produire, et qui est nécessaire pour que la Torah soit complète. L'interprétation de la Torah n'est pas un privilège des rabbins ou des étudiants de *yéchiva*. Un *midrach* raconte que dans le désert, les Hébreux, qui venaient de sortir de l'esclavage en Égypte, et qui étaient donc probablement analphabètes, ont pleuré parce qu'ils ont cru que la Torah était en réalité le monopole de Moïse et des Soixante-Dix Sages[1]. C'est pourquoi Moïse leur dit (Deutéronome 30, 11-14) : Cette Torah que je te donne, « elle n'est pas loin, elle n'est pas aux Cieux, tu n'as pas à te demander : "Qui montera nous la chercher ?"… Elle n'est pas par-delà les mers… Au contraire, elle est très proche de toi, dans ta bouche et dans ton cœur ». Chaque Juif constitue une interprétation vivante de la Loi, bien que cette interprétation, parfois, ne trouve pas à s'exprimer. Tous les Juifs n'étudient pas la Torah, malheureusement, mais tous les Juifs le pourraient. On dit même, dans le Talmud, que l'étude de la Torah équivaut à l'accomplissement de tous les autres commandements. Tout le monde peut apprendre de tout le monde : ne voyons-nous pas, dans le Talmud, des Sages demander à des enfants ce qu'ils ont appris à l'école dans la journée ? Un de ces Sages disait même : « J'ai beaucoup appris de mes maîtres, mais j'ai encore plus appris de mes élèves. » C'est pourquoi je ne peux qu'encourager chacun à apprendre l'hébreu, à suivre des cours, à participer à cette étude d'une façon ou d'une autre. On pourrait même avancer que les temps messianiques arriveront lorsque tous les Juifs participeront activement à cette œuvre d'interprétation créative.

---

1. Soixante-dix Sages : dans la Bible (Nombres 11, 16), Dieu ordonne à Moïse de nommer soixante-dix Sages pour qu'ils l'aident à diriger le peuple.

B.G. : Ce qui signifie aussi que le sens véritable de la Torah n'est pas donné au départ, mais qu'il se construit à travers l'histoire et qu'il ne sera complet qu'à la fin des temps. Aujourd'hui, c'est vrai, tous les Juifs ne sont pas engagés dans l'étude, et c'est très regrettable. Mais je pense que n'importe quelle personne qui assume son destin juif, c'est-à-dire qui s'inscrit dans la fidélité au message de la Torah, même si elle ne construit pas sa vie autour de l'étude, participe quand même à une forme d'interprétation de la Torah simplement en vivant dans l'esprit de la Torah.

En tout cas, l'image de Dieu étudiant la Torah est tout à fait spécifique au judaïsme. Il me semble qu'aucune religion n'a élevé l'étude à ce niveau de nécessité existentielle. Car la Torah n'est pas qu'un Livre : c'est une existence au plus haut sens du terme. Ce qui fait que l'histoire juive est avant tout l'histoire de l'interprétation de la Torah, parce que la finalité de cette histoire, c'est de déployer l'ensemble des significations de la Torah ; et l'histoire n'aura atteint son but que lorsque le sens le plus profond de la Torah aura été révélé à l'ensemble de l'humanité.

Les *tefillin* de Dieu

Avec le grand rabbin Michel Gugenheim

JOSY EISENBERG : Une question classique du Talmud demande : « À quoi Dieu occupe-t-Il ses journées depuis qu'Il a créé le monde ? » De nombreux textes répondent en décrivant Dieu occupé non seulement à nourrir le monde, mais aussi à se livrer à des activités typiquement humaines et même, pourrait-on dire, typiquement juives : étudier et prier. Plus encore, on nous dit que Dieu porte des *tefillin*, comme un Juif en prière. Pouvez-vous, tout d'abord, nous rappeler ce que sont les *tefillin* ?

MICHEL GUGENHEIM : Les *tefillin* sont deux boîtiers cubiques de cuir noir que l'on attache par des lanières au-dessus du front, à la lisière des cheveux, et sur le biceps gauche. Leurs composants essentiels sont cachés : il s'agit de quatre passages bibliques écrits sur un seul parchemin pour le boîtier du bras, qui n'a qu'un seul compartiment, et sur quatre parchemins pour le boîtier de la tête, qui comporte quatre compartiments. Les quatre textes sont les suivants :

« *L'Éternel parla à Moïse, et dit : "Consacre-moi tout premier-né, tout premier-né parmi les enfants d'Israël, tant des hommes que des animaux : il M'appartient." Moïse dit au peuple : "Souvenez-vous de ce jour, où vous êtes sortis d'Égypte, de la maison de servitude ; car c'est par sa main puissante que l'Éternel vous en a fait sortir. On ne mangera point de pain levé. Vous sortez aujourd'hui, dans le mois des épis. Quand l'Éternel t'aura fait entrer dans le pays des Cananéens, des Héthiens, des Amoréens, des Héviens et des Jébusiens, qu'Il a juré à tes pères de te donner, pays où coulent le lait et le miel, tu rendras ce culte à l'Éternel dans ce même mois. Pendant sept jours, tu mangeras des azymes ; et le septième jour, il y aura une fête en l'honneur de l'Éternel. On mangera des azymes pendant les sept jours ; on ne verra point chez toi de pain levé, et l'on ne verra point chez toi de levain, dans toute l'étendue de ton pays. Tu diras alors à ton fils : C'est en mémoire de ce que l'Éternel a fait pour moi, lorsque je suis sorti d'Égypte. Ce sera pour toi comme un signe sur ta main et comme un souvenir entre tes yeux, afin que la loi de l'Éternel soit dans ta bouche ; car c'est par sa main puissante que l'Éternel t'a fait sortir d'Égypte. Tu observeras cette ordonnance au temps fixé de jour en jour"* » (Exode 13, 1-10).

« *Quand l'Éternel t'aura fait entrer dans le pays des Cananéens, comme Il l'a juré à toi et à tes pères, et qu'Il te l'aura donné, tu consacreras à l'Éternel tout premier-né, même tout premier-né des animaux que tu auras : les mâles appartiennent à l'Éternel. Tu rachèteras avec un agneau tout premier-né de l'âne et, si tu ne le rachètes pas, tu lui briseras la nuque. Tu rachèteras aussi tout premier-né de l'homme parmi tes fils. Et lorsque ton fils te demandera un jour : Que signifie cela ? tu lui répondras : Par sa main puissante, l'Éternel nous a fait sortir d'Égypte, de la maison de servitude ; et, comme Pharaon s'obstinait à ne point nous laisser aller, l'Éternel fit mourir tous les premiers-nés dans le pays d'Égypte, depuis les premiers-nés des hommes jusqu'aux premiers-nés des animaux. Voilà pourquoi j'offre en sacrifice à l'Éternel tout premier-né des mâles, et je rachète tout premier-né de mes fils. Ce sera comme un signe sur ta main et comme des fronteaux entre tes yeux ; car c'est par sa main puissante que l'Éternel nous a fait sortir d'Égypte* » (Exode 13, 11-16).

« *Écoute, Israël ! L'Éternel, notre Dieu, l'Éternel est Un. Tu aimeras l'Éternel, ton Dieu, de tout ton cœur, de toute ton âme et de toute ta force. Et ces commandements, que Je te donne aujourd'hui, seront dans ton cœur. Tu les inculqueras à tes enfants, et tu en parleras quand tu seras dans ta maison, quand tu iras en voyage, quand tu te coucheras et quand tu te lèveras. Tu les lieras comme un signe sur tes mains, et ils seront comme des fronteaux entre tes yeux. Tu les écriras sur les poteaux de ta maison et sur tes portes* » (Deutéronome 6, 4-9, premier paragraphe du *Chema' Israël*).

« Si vous obéissez à mes commandements que Je vous prescris aujourd'hui, si vous aimez l'Éternel, votre Dieu, et si vous Le servez de tout votre cœur et de toute votre âme, Je donnerai à votre pays la pluie en son temps, la pluie de la première et de l'arrière-saison, et tu recueilleras ton blé, ton moût et ton huile ; Je mettrai aussi dans tes champs de l'herbe pour ton bétail, et tu mangeras et te rassasieras. Gardez-vous de laisser séduire votre cœur, de vous détourner, de servir d'autres dieux et de vous prosterner devant eux. La colère de l'Éternel s'enflammerait alors contre vous ; Il fermerait les cieux, et il n'y aurait point de pluie ; la terre ne donnerait plus ses produits, et vous péririez promptement dans le bon pays que l'Éternel vous donne. Mettez dans votre cœur et dans votre âme ces paroles que Je vous dis. Vous les lierez comme un signe sur vos mains, et elles seront comme des fronteaux entre vos yeux. Vous les enseignerez à vos enfants, et vous leur en parlerez quand tu seras dans ta maison, quand tu iras en voyage, quand tu te coucheras et quand tu te lèveras. Tu les écriras sur les poteaux de ta maison et sur tes portes. Et alors vos jours et les jours de vos enfants, dans le pays que l'Éternel a juré à vos pères de leur donner, seront aussi nombreux que les jours des cieux le seront au-dessus de la terre » (Deutéronome 11, 13-21, deuxième paragraphe du *Chema' Israël*).

Ces quatre textes nous enseignent donc l'amour de Dieu, l'observance de ses commandements, et son intervention dans l'histoire des hommes.

J.E. : La question se pose alors : quels sont les textes qui figurent dans les *tefillin* de Dieu ? Ce ne peuvent être les mêmes textes que les nôtres : il serait absurde qu'Il porte des textes qui enseignent l'amour de Dieu.

M.G. : Avant tout, il nous faut comprendre comment cette idée est simplement possible. On sait que le judaïsme nie absolument que Dieu ait un corps matériel, ou même l'apparence d'un corps. Comment les Sages du Talmud se permettent-ils dès lors un anthropomorphisme aussi radical ?

J.E. : Ce n'est d'ailleurs pas le seul texte du Talmud où on nous décrit Dieu revêtu des accessoires de la prière. On peut aussi lire qu'après la faute du Veau d'or, Moïse a demandé à Dieu quelle était la procédure à suivre pour obtenir son pardon. Dieu est alors passé devant Moïse comme un officiant de synagogue, revêtu du *talit*, le châle de prière, pour réciter les treize attributs de miséricorde. On voit donc Dieu porter le *talit* et les *tefillin*, qui sont les deux objets de culte fondamentaux du Juif.

M.G. : Le rapprochement que vous faites entre ces deux récits talmudiques a déjà été fait par rabbi Saadia Gaon[1]. Il en donne une interprétation très originale.

---

1. Rabbi Saadia Gaon (882 ou 892-942) : grand maître du judaïsme babylonien, ce philosophe défend dans son livre *Emounot ve-Déot* (La Foi et la Connaissance) la tradition talmudique contre les karaïtes, une secte juive qui prétendait s'en tenir à la seule Torah écrite.

Pour lui, il ne faut pas voir dans ces textes de simples allégories. Il les rapproche de ce qu'on dit ailleurs dans le Talmud, à savoir que lorsque Moïse se tenait au Sinaï pendant quarante jours et quarante nuits et que Dieu lui donnait toute la Torah, il avait parfois du mal à se représenter les choses. Par exemple, la structure de la *ménorah*, le chandelier à sept branches, est très complexe et Moïse n'arrivait pas à visualiser l'enchevêtrement des fleurs, des boutons, des sphères... Alors Dieu lui en a montré l'image, comme le dit le texte biblique (Exode 25, 40) : « Regarde, et fais d'après le modèle qui t'est montré sur la montagne. » Saadia Gaon explique que, de la même manière, Moïse avait du mal à se représenter comment il fallait prier, comment on mettait les *tefillin* : alors Dieu s'est mis Lui-même en situation pour que Moïse comprenne.

Maintenant, il est bien certain que la plupart des commentateurs voient dans cette description de Dieu mettant les *tefillin* un symbole beaucoup plus profond. Sans entrer dans les mystères de la cabbale, qui sont réservés aux initiés dont je ne fais pas partie, on peut néanmoins chercher une signification spirituelle à ces idées.

J.E. : On peut commencer par dire que les *tefillin* que nous portons, nous humains, sont entre autres un signe distinctif. Les *tefillin* sont comme l'uniforme du Juif, ils signifient que la personne appartient au peuple d'Israël.

M.G. : En effet, les *tefillin* sont appelés *ot*, « signe ». Le Maharcha[1], dans son commentaire de ce passage du Talmud, explique que les *tefillin* de Dieu symbolisent la réciprocité de la relation entre Dieu et Israël. De même qu'Israël ligote son corps, son bras, sa tête, c'est-à-dire ses actions et ses pensées, pour les mettre entièrement, par amour, au service de Dieu, de même Dieu met ses *tefillin* pour montrer qu'Il aime Israël et qu'Il se lie à lui. Comme le dit le Cantique des cantiques : « Je suis à mon bien-aimé et mon bien-aimé est à moi. »

J.E. : De même qu'Israël a choisi Dieu, Dieu a choisi Israël : « Ils seront mon peuple et Je serai leur Dieu » (Jérémie, 24, 7). On peut donc dire que les *tefillin* des hommes et ceux de Dieu sont comme les bagues de fiançailles que s'échangent des amoureux.

M.G. : Le Talmud s'interroge ensuite naturellement sur les textes qui figurent dans les *tefillin* de Dieu. Le premier texte est tiré du premier Livre des Chroniques (17, 21) : « Qui est comme toi, Israël, peuple un sur la terre ? » De même que, dans les passages du *Chema' Israël* qui se trouvent dans nos *tefillin*, nous proclamons que Dieu est Un, de même les *tefillin* de Dieu exaltent l'unité du peuple d'Israël, parce que l'unité du peuple est le reflet de l'unité de Dieu. Ce qui veut aussi dire que celui qui sème la division dans la communauté d'Israël porte atteinte,

---

1. Maharcha : rabbi Samuel Eidels (1555-1631), l'un des grands commentateurs du Talmud à l'époque moderne.

en quelque sorte, à l'unité divine. C'est pourquoi on a toujours considéré, dans le judaïsme, les tentatives de séparatisme comme extrêmement graves.

J.E. : L'unité du peuple juif est le symbole de l'unité du genre humain. Tant que cette unité humaine n'est pas réalisée, la réalité divine elle-même est comme éclatée. L'histoire montre bien que la division du genre humain empêche la perfection divine de se réaliser. Au sein même du peuple juif, cette unité n'est pas faite. Dès l'époque biblique, le royaume de Salomon s'est scindé en deux après sa mort ; puis, à l'époque du Deuxième Temple, les rivalités entre sadducéens, pharisiens, zélotes et autres, la « haine gratuite » comme l'appelle le Talmud, ont amené la destruction. Aujourd'hui encore, le peuple juif est profondément divisé. L'une des causes du malheur de l'humanité, c'est peut-être précisément cette incapacité, même pour un si petit peuple, d'arriver à créer une société harmonieuse.

M.G. : De même que nos *tefillin* contiennent quatre passages bibliques, de même il nous faut trouver quatre passages pour les *tefillin* de Dieu. Nous avons vu que le premier porte sur l'unité d'Israël. Le deuxième est tiré du Deutéronome (4, 7-8) : « Quel grand peuple a un dieu proche de lui comme l'Éternel notre Dieu, chaque fois qu'on fait appel à Lui ? Et quel grand peuple possède des décrets et des lois justes comme toute cette Torah ? » Cela signifie que, de même que les hommes se rapprochent de Dieu par la prière et l'étude, de même Dieu se rapproche des hommes par la prière et l'étude. Le troisième passage est (Deutéronome 33, 29) : « Bienheureux Israël, qui est comme toi sauvé par Dieu ? » Il fait donc référence à Dieu comme sauveur, comme libérateur. Le quatrième passage est plus énigmatique (Deutéronome 26, 19) : « Afin que tu sois placé au-dessus de tous les peuples qu'Il a créés, en louange, nom et splendeur. » Il exprime l'idée que Dieu est capable de nous élever à un niveau de spiritualité suprême. Tel est, selon le Maharcha, le sens de ces quatre passages.

Tout cela fait référence aux *tefillin* comme signes. Mais les *tefillin* sont également désignés dans la Bible comme *péer*, « diadème » ou « splendeur ». C'est surtout le Maharal de Prague[1] qui a exploré cet aspect des *tefillin*, en particulier des *tefillin* de Dieu. Il explique que le vêtement, en général, renvoie à la « gloire », c'est-à-dire à la dignité. En effet, c'est à travers le vêtement que nous existons pour les autres, que nous sommes perçus par eux. On ne se présente pas tout nu à quelqu'un. Le vêtement, c'est l'image de nous-mêmes que nous donnons aux autres.

J.E. : On dirait aujourd'hui que c'est lié à l'estime qu'on a de soi-même.

---

1. Maharal de Prague (1520-1609) : penseur et talmudiste parmi les plus importants de l'histoire juive. Dans *Le Puits de l'exil* (Berg International, 1991), il donne des interprétations symboliques profondes des passages les plus surprenants du Talmud.

M.G. : Précisément. Le Maharal explique que la Création dans son ensemble est le vêtement de Dieu. Comme le dit Isaïe (43, 7) : « Tout ce qui est appelé par mon Nom, c'est pour ma gloire que Je l'ai créé, formé et façonné. » Mais les *tefillin* sont plus qu'un vêtement : ils sont un diadème, une couronne. Une couronne fait partie du costume tout en étant quelque chose de plus.

J.E. : Le vêtement fait partie du strict nécessaire, la couronne est une marque de noblesse : Israël est comme ce qui vient couronner le Dieu créateur, ce qui fait que la Création n'est pas simplement de l'ordre de la nécessité mais aussi de la volonté souveraine.

Ouverture hassidique

Avec Marc-Alain Ouaknin

JOSY EISENBERG : Un texte du Talmud dit : « Si tu veux connaître Celui qui a créé le monde par la parole, étudie la aggada[1] », c'est-à-dire le commentaire rabbinique. Pour paraphraser cette maxime, on peut dire qu'aujourd'hui celui qui veut connaître Dieu doit passer par le hassidisme. Marc-Alain Ouaknin, vous avez publié un ouvrage qui porte le titre évocateur d'*Ouvertures hassidiques*. Le hassidisme, comme vous l'expliquez, a représenté une révolution dans la pensée juive en général et dans l'approche de Dieu en particulier.

MARC-ALAIN OUAKNIN : Le hassidisme est né au milieu du XVIIIe siècle sous l'impulsion de celui qu'on appelle le Baal Chem Tov, littéralement le « Maître du Bon Nom ». Selon une interprétation, cela signifie qu'il connaissait les secrets du Nom divin. Pour com-

---

1. *Aggada* : la tradition orale rabbinique se subdivise en *aggada*, « exégèse et commentaires », et *halakha*, « règles ».

prendre d'où vient ce mouvement, il faut cependant remonter plusieurs siècles en arrière. En 1492, les Juifs sont expulsés d'Espagne. Ce fut un énorme traumatisme : le judaïsme espagnol était en effet particulièrement florissant, c'était vraiment le centre de l'univers juif. De ce fait, les Juifs se sont demandé : « Où allons-nous ? Qu'allons-nous devenir ? Que faire pour que cessent ces épreuves ? » C'est alors qu'à Safed, en Galilée, a émergé une nouvelle école de cabbale, fondée par rabbi Isaac Louria (1534-1572). Son enseignement, très complexe, a entre autres complètement changé le regard des Juifs sur leur histoire. Auparavant, on avait tendance à penser que le cours de l'histoire était tout tracé, que les Juifs n'avaient pas d'autre choix que de subir passivement leur exil, leurs souffrances, en attendant que Dieu les délivre finalement. La cabbale de Louria, elle, enseigne que l'histoire n'est pas déterminée, que c'est à nous de faire l'histoire, de nous construire à travers elle. On pourrait presque dire que la cabbale de Louria est un message de révolte. Et le hassidisme, sur un mode existentiel, va reprendre ce modèle de l'homme révolté.

J.E. : Puis, au milieu du XVIIe siècle, les Juifs d'Europe de l'Est ont aussi connu une période très noire, avec des pogroms terribles. Ensuite, un certain Sabbataï Tsevi, fervent cabbaliste, est apparu en Terre sainte et s'est proclamé Messie avant de se convertir à l'islam : autre cruelle désillusion. De plus, certains Juifs ont continué de croire que Sabbataï Tsevi était le

Messie même après son apostasie, et ils ont développé une cabbale hérétique qui encourageait les transgressions de la Loi et la dissimulation. La lutte contre les sabbatéens a beaucoup épuisé les forces du judaïsme. Surtout qu'au début du XVIIIe siècle, toujours en Europe orientale, un certain Jacob Frank s'est à son tour proclamé Messie et réincarnation de Sabbataï Tsevi et a prôné un judaïsme nihiliste. Lui et ses partisans n'hésitèrent pas à faire semblant de se convertir au christianisme et à collaborer avec l'Église catholique polonaise, très antisémite, pour persécuter les Juifs restés fidèles à la tradition. Cette idée de « révolte cabbalistique » contre l'histoire semblait alors ne pouvoir déboucher que sur des catastrophes, sur une chute dans les ténèbres.

M.-A.O. : Les pogroms des années 1640 en Pologne et en Ukraine ont exterminé deux cent cinquante mille Juifs, soit près de la moitié de la communauté. On peut comprendre qu'après un tel traumatisme les Juifs aient été prêts à croire Sabbataï Tsevi quand il leur disait : « Je suis le Messie, Dieu va sécher vos larmes, le temps des malheurs est fini, nous allons tous retourner à Sion. » Énormément de Juifs, dans le monde entier, y ont cru. On a même affrété des bateaux depuis la Hollande en direction de la terre d'Israël. Et quand il s'est converti à l'islam, certains ont refusé d'admettre cet échec. Ils ont développé toute une nouvelle théologie de la descente dans le mal : si le Messie s'était converti à l'islam, c'est parce que cela faisait partie de sa mission ; il devait plonger au plus profond des ténèbres pour y sauver les étincelles de divinité qui s'y trouvaient emprisonnées. Il devait lui-même faire le mal pour détruire le mal et sauver le monde entier. Une formule classique en hébreu parle de « *yerida le tsorekh 'aliya* », « descendre pour remonter ». Traditionnellement, cela signifie que parfois Dieu nous fait tomber bas pour nous faire ensuite remonter plus haut. Les épreuves sont l'occasion de s'améliorer. Mais les sabbatéens ont réinterprété cette formule : pour eux, il fallait descendre dans l'impureté la plus basse pour atteindre la sainteté la plus haute.

On trouvait beaucoup de marranes[1] parmi les sabbatéens : on a expliqué ce phénomène en disant que les marranes, qui avaient vécu pendant près de deux siècles le déchirement de la double identité, trouvaient dans cette idéologie du renversement des valeurs une justification de leur propre conduite. Puis Jacob Frank, comme on l'a dit, a poussé cette théologie transgressive à l'extrême : pour lui, tout ce qui pouvait être accompli par l'observance de la Loi était déjà accompli ; maintenant, pour faire venir la délivrance, il fallait transgresser religieusement tous les commandements, même l'inceste. Il a fondé une religion de transgression de la Torah, avec des rites orgiaques, etc.

C'est dans cette période troublée qu'est apparu le Baal Chem Tov. On le sait peu, ce dernier a un jour dit : « Je suis venu pour faire le *tikkoun*, la réparation

---

1. Marranes : Juifs d'Espagne convertis de force au christianisme et qui continuèrent de pratiquer le judaïsme en secret.

cabbalistique, de Sabbataï Tsevi. » C'est-à-dire qu'il n'a pas rejeté entièrement l'impulsion première du sabbataïsme. Il ne faut pas renoncer à cette volonté de prendre son destin en main, de se révolter contre l'histoire. Ce que le sabbataïsme a fait dans le mal, il faut le faire dans le bien. Il faut réorienter cette énergie pour la transformation du peuple juif.

J.E. : Étrangement, l'image qu'on a du hassidisme aujourd'hui, c'est d'une part un extrême conservatisme, un monde triste, replié sur lui-même, et d'autre part une grande résignation, un grand fatalisme. On raconte souvent que les *hassidim*, pendant la Shoah, rentraient dans les chambres à gaz en chantant. Cela ne correspond par à l'image du hassidisme révolté et révolutionnaire que vous nous dépeignez.

M.-A.O. : C'est Arnold Mandel, en particulier, qui a mis en valeur cette dimension révolutionnaire du hassidisme des origines dans son livre *La Voie du hassidisme*[1]. Les premiers *hassidim* appelaient aussi à une révolution sociale. Dans le monde juif de l'époque, la valeur suprême était l'étude. Seul celui qui consacrait sa vie à l'étude du Talmud était un Juif digne de ce nom. Et, au fil des siècles, s'était constituée une élite intellectuelle, qui fonctionnait un peu en vase clos, et qui méprisait la masse. Et ce que le Baal Chem Tov est venu dire, c'est : « Le judaïsme n'est pas fait pour

---

1. Calmann-Lévy, 1963.

l'élite, tout le monde a le droit de penser, tout le monde a le droit de parler à Dieu dans ses propre termes. » Les *hassidim* ont ainsi développé toute une littérature du récit, voire du conte, qui permet à tout un chacun de vivre en proximité avec Dieu même s'il n'est pas talmudiste.

Ernst Bloch[1] a dit une très belle phrase : « Ce qui est beau dans la religion, c'est qu'elle engendre des hérétiques. » L'hérésie de Sabbataï Tsevi, même si elle a eu à court terme des conséquences terribles, a aussi donné une impulsion positive. Gershom Scholem, le grand historien de la cabbale, qui a permis de complètement réévaluer la place du sabbataïsme dans l'histoire à travers son livre *Sabbataï Tsevi, le messie mystique, 1626-1676*[2], était également un fervent sioniste. Dans le sionisme aussi on trouve cette idée que les Juifs doivent prendre leur destin en main, le forcer. En quelque sorte, on peut dire que le sabbataïsme, au moins indirectement, est à l'origine de toute la modernité juive.

J.E. : Parlons maintenant de l'esprit du hassidisme. D'abord, que signifie *hassid* ?

M.-A.O. : Contrairement à ce que l'on croit, tous les Juifs orthodoxes, même barbus, ne sont pas des

---

1. Ernst Bloch (1885-1977) : philosophe marxiste allemand d'origine juive, dont les écrits ont beaucoup influencé les révoltes étudiantes de 1968.
2. Verdier, 1990.

hassidim ! On réduit souvent le hassidisme à un folklore : la barbe, les papillotes, le caftan, des gens qui passent leur journée à chanter et à danser... Mais le hassidisme est avant tout une danse de l'esprit, un mouvement de chaleur intérieure. Déjà, au Moyen Âge, il existait dans la région rhénane un mouvement qui s'appelait les *hassidé ashkenaz*, les piétistes allemands, quoique le hassidisme moderne en soit très différent. En effet, on traduit souvent *hassid* par « pieux » : celui qui va au-delà de la lettre de la Loi, par amour de Dieu. Mais littéralement, *hassid* vient de *hessed* : la « générosité », le « don gratuit ». Cette générosité se manifeste par un grand amour de Dieu, par une grande ferveur dans la prière, mais aussi et peut-être surtout par un grand amour des hommes.

J.E. : Le modèle du *hessed*, c'est Abraham, le Patriarche qui accueille les étrangers. C'est un amour sans mesure pour l'autre, un amour fou.

M.-A.O. : Justement, et c'est pour cela que j'insiste sur l'amour des hommes dans le hassidisme. Le *hassid* n'est pas un « fou de Dieu », qui s'autorise n'importe quelle violence au nom de la ferveur religieuse. L'amour des hommes passe avant l'amour de Dieu. Au moment où naît le hassidisme, les Juifs vivaient déjà intensément l'amour de Dieu, l'amour de sa Torah, l'amour des *mitsvot*, mais cela se traduisait souvent par un rigorisme exclusif de la pratique. La pratique pointilleuse était devenue une fin en soi, il y avait une certaine auto-glorification, une course à celui qui serait le plus strict, et dans tout cela on oubliait complètement l'autre. Or, le hassidisme, s'il est lui aussi très méticuleux dans sa pratique religieuse, estime que c'est le visage de l'autre qui est le plus important.

J.E. : Une anecdote célèbre illustre bien cette idée. On sait que la fabrication des *matsot*[1] pour Pessah suppose un processus très contraignant : il faut notamment que ne s'écoulent pas plus de dix-huit minutes entre le moment où l'on verse de l'eau dans la farine et le moment où la *matsa* est cuite, afin que la pâte ne lève pas du tout. Les ouvriers et ouvrières qui étaient chargés de préparer ces *matsot* travaillaient sans relâche, jusqu'à l'épuisement. Un des grands maîtres hassidiques a refusé de consommer ces *matsot*, en disant : « Je refuse de célébrer Pessah avec des *matsot* pétries de la sueur des travailleurs juifs. »

M.-A.O. : En effet, on voit ici que le respect de la personne n'est pas occulté par le respect du texte. Car, après tout, ces *matsot* étaient, selon la lettre de la Loi, parfaitement *cacher* ! Le texte n'a de valeur que s'il imprègne la personne et la transforme intérieurement. On raconte qu'un jour un étudiant est venu voir le rabbi de Kotsk[2]. Le rabbi lui demande ce qu'il a

---

1. *Matsot* : pain azyme que l'on consomme à Pessah.
2. Rabbi Menahem Mendel de Kotsk (1787-1859) : maître hassidique connu pour ses reparties incisives et son dégoût de l'hypocrisie.

appris, et l'étudiant, tout fier, répond : « J'ai traversé trois fois tout le Talmud. » Le rabbi lui a répondu : « Mais est-ce que le Talmud t'a traversé, toi ? »

J.E. : Il faut donc avoir, comme vous le dites dans votre livre, un rapport existentiel au texte. Il ne s'agit pas tant de comprendre ce dernier que de se comprendre soi-même à travers le texte.

M.-A.O. : Si, quand je vais étudier au *beit hamidrach*, je ne ressors pas en étant différent, si je ne me suis pas transformé par l'étude, du point de vue hassidique, je n'ai pas étudié. On pourrait presque parler de « romanesque » de l'étude. Un roman, c'est un texte qui met en scène des personnages différents de moi, dans lesquels je me projette et qui me font entrevoir d'autres possibles. Si je ne ressors pas transformé de la lecture d'un roman, c'est que ce roman est, sinon immoral, du moins amoral. Pour le hassidisme, si je ne m'invente pas différemment dans l'étude, alors cette étude est immorale. C'est sans doute pour cela que le rabbi Nahman de Braslav*, à un certain moment, a décidé de ne plus enseigner la sagesse à travers les textes de la tradition. Il disait : « Si je continue à vous mener sur ce chemin, vous allez avoir l'illusion que vous pouvez atteindre une vérité définitive. Alors, ce que je vais faire, c'est dire des contes. »

J.E. : C'est-à-dire qu'il faut se défaire de l'idée que le texte contiendrait une vérité objective qu'on finirait par atteindre à un certain moment. La démarche de celui qui étudie la Torah ne peut pas être celle de l'historien, qui essaie de comprendre ce que l'auteur a vraiment voulu dire, et pour qui la vérité de ce texte reste extérieure, sans conséquence. La base même de la vie spirituelle, c'est la subjectivité. En même temps, il ne s'agit pas pour chacun, dans son coin, de se faire sa petite vérité personnelle, où toutes les visions sont acceptables. Il faut quand même passer par le texte pour découvrir Dieu. Ce texte nous transforme et se transforme à travers nous.

M.-A.O. : La révolution hassidique a été un plaidoyer pour la subjectivité. Chacun a le devoir de se découvrir soi-même à travers le texte. Comme le disait rabbi Nahman de Braslav : « Certains grands maîtres en savent tellement qu'ils ne savent plus rien, parce que leur parole a déjà été dite. » Étudier la Torah, ce n'est pas engranger ce qu'ont pensé les autres. Il s'agit pour chacun d'inventer une parole inédite. On ne peut pas recevoir passivement la Torah. Même si les grands maîtres du passé ont déjà beaucoup dit, je n'ai pas à subir leur expérience de pensée. Je dois construire ma propre expérience à travers le texte et ses diverses lectures. Dans une communauté hassidique, il y a deux autorités. Il y a d'abord le *rav* : lui, c'est l'érudit, la référence en matière de Loi, qu'on consulte quand on a un doute sur la meilleure façon de pratiquer. Et puis, il y a le *rebbe*, le maître hassidique. Le *rebbe* n'enseigne pas des connaissances. C'est celui qui prend le disciple par la main et lui apprend à faire la découverte du sens par lui-même, qui l'ouvre à la pluralité des sens.

J.E. : Votre lecture du hassidisme est très personnelle. Dans votre livre, vous n'hésitez pas à le rapprocher de la pensée de philosophes contemporains comme Levinas*, Jankélévitch* ou même Heidegger*, ce qui en choquera plus d'un. Pour vous, ces philosophes, qui sont au fondement de la pensée contemporaine, sont complètement en phase avec l'enseignement de certains maîtres hassidiques. Ce sont des penseurs révolutionnaires. Or, aujourd'hui, l'image que l'on a de la vie hassidique, par exemple à Méa Shéarim[1], est celle d'un monde fermé sur lui-même, hostile à la modernité.

M.-A.O. : Peut-être doit-on comprendre qu'il est temps d'inventer un nouveau hassidisme en revenant à son impulsion première, tant il est vrai que beaucoup de communautés hassidiques vivent aujourd'hui repliées sur leurs traditions. Comme le disait Martin Buber : « Je suis proche du hassidisme, et je suis loin des *hassidim*. » Le fondateur du hassidisme est surnommé le Baal Chem Tov : Chem, « le nom », est aussi l'un des fils de Noé (Sem en français) ; dire que nous sommes des Sémites, cela revient à dire que nous sommes des « gens du Nom ». Or *chem* peut se lire *cham*, « là-bas » : avoir un nom, c'est un projet exis-

---

1. Méa Shéarim : quartier ultra-orthodoxe de Jérusalem.

tentiel, c'est être relié à un ailleurs, à quelque chose qui est au-delà de soi-même, être dans une dynamique qui nous pousse à « aller vers ». Cette tension vers un ailleurs est l'essence même du messianisme. Mais dans le hassidisme, le messianisme est bien plus que la personne du Messie, qui au fond n'a pas grande importance. Le messianisme est un souffle à l'intérieur de l'homme qui le pousse à se réinventer. C'est pour cela que les maîtres hassidiques lisent le mot *Machiah*, « Messie », en deux mots : *Chem Haï*, le « Nom vivant ». Le Sémite, le Juif, c'est celui qui vit intérieurement le Nom divin et sa promesse, et qui fait vivre ce Nom dans le monde.

Rabbi Nahman de Braslav, le maître de danse

Avec Marc-Alain Ouaknin

Josy Eisenberg : J'aimerais que nous parlions d'un maître hassidique très particulier, et dont l'enseignement vous tient particulièrement à cœur : rabbi Nahman de Braslav. Ce personnage extraordinaire, qui vécut à la fin du XVIIIe siècle, a parfois été présenté comme le précurseur de Kafka, du fait de son rapport à la mélancolie. Rabbi Nahman explique qu'il existe diverses « stratégies » pour atteindre Dieu, et que la première d'entre elles est la joie.

Marc-Alain Ouaknin : L'une de ses maximes les plus célèbres, dont on a même fait des chansons, est : « *Mitsva gedola lihyot be-simha tamid* », « C'est un commandement majeur que d'être toujours dans la joie ». Autrement dit, être joyeux est une obligation spirituelle, au même titre que faire chabbat ou manger *cacher*. Toute la question est de savoir ce que veut dire « être joyeux » selon rabbi Nahman.

J.E. : Cela est difficile à comprendre. Vous nous dites qu'être joyeux est un commandement de la

Torah. Mais autant on peut m'ordonner de prier, de ne pas voler, de faire ceci ou de ne pas faire cela, autant on comprend mal comment on peut ordonner d'être joyeux. C'est un état d'esprit naturel, qu'on n'a pas l'impression de pouvoir maîtriser. Il y aurait donc une stratégie pour être joyeux ?

M.-A.O. : Justement, rabbi Nahman distingue deux sortes de joie. Il y a la joie que j'éprouve naturellement dans certaines circonstances agréables. Cette joie, je la ressens, je suis passif par rapport à elle. Et donc, dans ces circonstances, je n'accomplis aucun commandement particulier en étant joyeux, pas plus que lorsque j'ai faim.

J.E. : Il faut préciser – et je ne crois pas trahir sa pensée en disant cela, même si c'est une vision du monde terrible – que pour rabbi Nahman, l'homme est naturellement triste.

M.-A.O. : C'est terrible, terriblement lucide, aussi. L'homme est mortel, et la conscience de la finitude de l'homme, cette lucidité par rapport au temps, induit une souffrance. On se dit : « Est-ce que j'aurai le temps de m'inventer, de faire ce que j'ai à faire ? » L'une des autres grandes injonctions de rabbi Nahman est : « Il est interdit d'être vieux. » Comment rester constamment jeune, comment conserver cette énergie de vouloir aller de l'avant, de ne pas me laisser emporter par le temps ? Et la joie est la réponse à cette souffrance existentielle.

J.E. : Pour paraphraser Descartes qui écrit en ouverture du *Discours de la méthode* que « le bon sens est la chose du monde la mieux partagée », on pourrait dire que pour rabbi Nahman, la tristesse est la chose du monde la mieux partagée, parce qu'elle a sa source dans l'angoisse de la mort. Et ne pas se sentir vieux, c'est ne pas se sentir trop près de la mort, c'est avoir la vie toujours devant soi. Pour combattre cette angoisse, il faut faire l'effort d'être toujours joyeux ; c'est pour cela que c'est un commandement.

M.-A.O. : Dans le texte majeur de rabbi Nahman, *Likouté Moharan* (« Recueil des enseignements de notre maître rabbi Nahman »), une très belle image illustre comment il faut faire rentrer la tristesse dans la ronde de la joie. Lors d'un mariage, tout le monde danse en cercle, mais à l'extérieur du cercle, il y a un homme triste. Alors il faut prendre cet homme et le faire entrer de force dans la ronde, le faire danser malgré lui. Claude Vigée[1] a une très belle phrase : « Je danse, donc je suis. » Cela veut dire que je ne suis pas arrivé à une vérité définitive et mortifère, mais que je reste dans un mouvement permanent, dans un effort incessant contre le temps.

J.E. : Ainsi, la tristesse est toujours présente à mes côtés, comme ce danseur isolé, mais je dois la prendre par la main, la faire danser, pour transformer ma tristesse naturelle en joie. Rabbi Nahman cite un très beau texte

---

1. Claude Vigée (né en 1921) : poète juif alsacien, auteur notamment de *Dans le silence de l'Aleph* (Albin Michel, 1992).

d'Isaïe qui dit (10, 35) : « L'allégresse et la joie se rapprocheront, la douleur et les gémissements s'enfuiront. » La tristesse s'enfuit parce que la joie la pourchasse.

M.-A.O. : Mais on ne comprend pas encore vraiment quelle est la stratégie pratique. Ce n'est pas simple de transformer la tristesse en joie. Rabbi Nahman propose toute une gamme de thérapies. Et si je dis « thérapie », c'est parce que pour rabbi Nahman, la tristesse est la source de toutes les maladies. Quelqu'un qui se laisse envahir par la mélancolie est véritablement malade, malade de ne pas parvenir à combattre cette angoisse du temps.

J.E. : La maladie du corps est avant tout une maladie de l'âme. C'est là une approche très moderne !

M.-A.O. : Et puisque la maladie du corps est une maladie de l'âme, pour combattre celle-ci, il faut mettre en mouvement le corps. Pour sortir de la tristesse, il faut se mettre à danser. L'image des danseurs, que nous avons évoquée, n'est pas qu'une métaphore. Quand l'homme fait l'effort de soulever son corps, de l'arracher à la pesanteur en se mettant en mouvement, il entraîne par là même le mouvement de l'âme et chasse la tristesse. La joie est une thérapie. Plus encore, les lettres du mot *simha*, « joie », forment aussi le mot *machiah*, « messie ». Le Messie n'est pas un individu extérieur à moi, en tout cas pas essentiellement. Le Messie, celui qui nous sauve, est avant tout un phénomène intérieur à moi-même. Je suis le Messie quand je suis porteur de la joie.

J'ai placé en exergue de mon livre une très belle phrase d'un rabbi anonyme. Son petit-fils le regardait danser et lui demanda : « Grand-père, pourquoi danses-tu avec tant d'ardeur ? On dirait que tu vas danser pour l'éternité ! » Ce à quoi le grand-père répondit : « Vois-tu, l'homme, c'est comme une toupie. Sa dignité d'être humain, il ne l'acquiert que dans le mouvement. Quand une toupie ne tourne plus, elle tombe. L'homme, quand il cesse de bouger, est comme mort. » L'homme se fait de se défaire. La dignité humaine, c'est d'être capable d'être toujours en chemin, de ne pas rester dans une identité figée. C'est cela que symbolise la toupie avec laquelle les enfants jouent à Hanoukka – c'est d'ailleurs le seul jeu que connaisse le judaïsme.

J.E. : Cette dimension de la joie n'est d'ailleurs pas propre à rabbi Nahman, on la retrouve dans tout le hassidisme. Le Voyant de Lublin* disait que le Serpent, c'est-à-dire l'instinct du mal, n'avait pas poussé directement Adam au péché, mais qu'il l'avait rendu triste, parce que la tristesse est la racine de toutes les fautes. Et même si on a une image austère des communautés hassidiques, ce n'est qu'une façade extérieure. Dans l'intimité des cours hassidiques, loin des regards, cette tradition de la joie et de la danse est toujours très vivace, alors qu'on l'a un peu oubliée dans les courants plus « classiques » du judaïsme.

Dans le livre de rabbi Nahman, *Likouté Moharan*, on peut aussi lire que la Bible cite dix instruments de musique, qui servent à guérir les dix maladies possibles de l'homme. Selon la cabbale, tout ce qui existe – le monde, Dieu, l'homme – est structuré selon dix attributs fondamentaux qu'on appelle les *séfirot*. Et chaque dysfonctionnement peut être relié à un manque au niveau d'un de ces dix aspects de l'existence. La Bible, déjà, raconte que le roi Saül avait engagé le jeune David pour qu'il chasse, par sa musique, sa mélancolie et ses accès de folie. Mais, tout de même, cette place existentielle donnée à la mélancolie, à la dépression, est très moderne.

M.-A.O. : En effet, on a dit que la mélancolie était le grand mal du XIXe siècle, de l'époque romantique, et l'on dit aussi que la dépression est aujourd'hui le « mal du siècle ». Mais qu'est-ce, au juste, que la dépression ? C'est ne plus être en phase avec le temps. Le temps passe, et nous, nous nous arrêtons. Pour se remettre dans le rythme du temps, pour continuer à se battre pour la vie, à construire des projets, il n'y a rien de mieux que la danse. C'est cela, le message essentiel de rabbi Nahman : même quand on se sent inerte à l'intérieur, qu'on n'a plus de force qui nous pousse, il faut savoir que cet état n'est jamais définitif. On peut retrouver son énergie si seulement on se raccroche à des rythmes extérieurs et qu'on se met à danser, à mettre le corps et l'âme en mouvement.

J.E. : Nous pourrions presque résumer cela par une maxime : « Vous pleuriez ? Eh bien, dansez maintenant ! »

Glossaire

Buber, Martin (1878-1965) : Écrivain juif qui fit redécouvrir aux Juifs assimilés la tradition hassidique, notamment à travers son livre *Les Récits hassidiques* (Le Rocher, 1985).

Guide des égarés : Traité de philosophie juive écrit par Maïmonide, dans lequel ce dernier réconcilie science aristotélicienne et religion juive.

Hassidisme : Mouvement fondé par le Baal Chem Tov en Europe orientale au XVIIIe siècle. Le hassidisme s'inspire de la cabbale pour proposer un idéal de vie religieuse fondé sur la joie, le renoncement à l'égoïsme et le contact direct avec le divin, y compris par des pratiques d'extase.

Heidegger, Martin (1889-1976) : Philosophe existentialiste allemand, auteur de *Être et Temps*, et collaborateur nazi. Sartre s'est beaucoup inspiré de sa philosophie.

Jankélévitch, Vladimir (1903-1985) : Philosophe juif français, auteur notamment de *Le Je-ne-sais-quoi et le Presque-rien*.

Levinas, Emmanuel (1906-1995) : Philosophe juif de langue française, d'origine lituanienne. Sa philosophie, qui place l'éthique au-dessus de la métaphysique, a beaucoup influencé la pensée contemporaine.

Maïmonide (1135-1204) : Philosophe, médecin et législateur andalou installé en Égypte, il est l'une des plus importantes autorités du judaïsme post-talmudique.

Midrach : Commentaires bibliques de l'Antiquité et du début du Moyen Âge qui mêlent des approches littérales et allégoriques en intégrant des éléments de la tradition orale pour éclairer des passages obscurs de la Bible. Ces commentaires sont regroupés dans plusieurs recueils, dont le plus connu est le *Midrach Rabba* (Grand Midrach).

Mitsvah : La Torah contient 613 *mitsvot*, qui concernent aussi bien le champ religieux (sacrifices, bénédictions...) que le domaine de la vie quotidienne (tribunaux, interdiction du vol, règles du salariat...). Ces 613 *mitsvot* se répartissent en 248 préceptes (« Tu feras... ») et 365 interdits (« Tu ne feras pas... »).

Nahman de Braslav (1772-1810) : Petit-fils du Baal Chem Tov, fondateur et unique *rebbe* du hassidisme braslav.

Rachi (1040-1105) : Rabbin de Troyes, en Champagne, il est le plus grand commentateur de la Bible et du Talmud.

Talmud : Le Talmud est le recueil de la Torah orale. Son cœur est la Michna, compilée par rabbi Yéhouda ha-Nassi vers l'an 200. Celle-ci est commentée par la Guemara, recueil des analyses des Sages des générations ultérieures. Il existe deux versions de la Guemara : celle des Sages de la terre d'Israël, et celle des Sages de Babylonie, qui donnent naissance à deux Talmuds : le Talmud de Jérusalem et le Talmud de Babylone. C'est le second, finalisé en dernier (vers 500), qu'on appelle généralement « Talmud ».

Traité des Pères : En hébreu *Pirké Avot*, recueil en six chapitres des sentences morales des Sages de l'Antiquité. Ce traité fait partie de la Michna.

Voyant de Lublin ou Hozé de Lublin (1745-1815) : Maître hassidique polonais.

Yéchiva (pl. *yéchivot*) : Institut d'études talmudiques accueillant les garçons entre la bar-mitsvah et le mariage. Le programme est axé quasi exclusivement sur le Talmud. La *yéchiva* moderne, qui comprend un internat, a été créée par rabbi Haïm de Volozhyn, disciple principal du Gaon de Vilna, en 1803.

Yéhouda Halévi (1075-1141) : Poète et philosophe andalou. Son ouvrage le plus connu, le *Kuzari*, prend pour cadre l'événement historique de la conversion, à la fin du VIIIe siècle, du roi des Khazars, une tribu nomade turque qui domina le Caucase du VIIe au Xe siècle. À partir de cette toile de fond, rabbi Yéhouda Halévi développe les grands arguments de la philosophie juive.

Zohar : Ouvrage principal de la mystique juive, attribué par la tradition à rabbi Chimon bar Yohaï (IIe siècle) et apparu en Espagne au Moyen Âge.

Biographie des intervenants et bibliographie partielle

Armand Abécassis : professeur de philosophie générale et comparée à l'université Michel-de-Montaigne (Bordeaux-III), il est l'auteur de nombreux ouvrages sur le judaïsme, dont :
À Bible ouverte, avec Josy Eisenberg, 3 volumes chez Albin Michel (réédités en « Spiritualités vivantes poche », 2004).
L'Univers hébraïque. Du monde païen à l'humanisme biblique, Albin Michel, 2003.
Judaïsmes. De l'hébraïsme aux messianités juives, Albin Michel, 2006.

Gilles Bernheim : grand rabbin et agrégé de philosophie, directeur du département Torah et société du Consistoire, il a récemment été élu grand rabbin de France.
Un rabbin dans la Cité, Calmann-Lévy, 1997.
Le Souci des autres : au fondement de la loi juive, Calmann-Lévy, 2002.

Le Rabbin et le Cardinal : un dialogue judéo-chrétien d'aujourd'hui, avec Philippe Barbarin, Stock, 2008.

Benjamin Gross : ce professeur de philosophie juive a été nommé en 1988 doyen de la faculté des lettres et sciences humaines de l'université Bar-Ilan.
À Bible ouverte, volumes 5 et 6, avec Josy Eisenberg, Albin Michel, 1983 et 1996.
Présentation et traduction de Rabbi Hayyim de Volozhyn, *L'Âme de la vie*, Verdier, repris en poche en 2006.
Le Messianisme juif dans la pensée du Maharal de Prague, Albin Michel, 1994.
Les Lumières du retour : Orot haTeshuvah du rav Kook, Albin Michel, 2000.
Un monde inachevé : pour une liberté responsable, Albin Michel, 2007.

Michel Gugenheim : grand rabbin, il est le directeur du Séminaire israélite de France, qui forme les rabbins du Consistoire.

Marc-Alain Ouaknin : rabbin et philosophe, ce professeur de littérature comparée à l'université Bar-Ilan travaille depuis plus de vingt ans à commenter et à approfondir la pensée d'Emmanuel Levinas en la mettant en dialogue avec les textes de la pensée juive.

Le Livre brûlé. Lire le Talmud, Lieu Commun, 1986 ; Le Seuil, 1992.
Concerto pour quatre consonnes sans voyelles, Balland, 1992 ; Payot, 1998.
Tsimtsoum, introduction à la méditation hébraïque, Albin Michel, 2000.
Le Grand Livre des prénoms hébraïques, avec Dory Rotnemer, Albin Michel, 2000.

Joseph Sitruk : grand rabbin de France de 1987 à 2008.
Chemin faisant, entretiens avec Claude Askolovitch, Flammarion, 1999.
Les Dix Commandements, avec Jean-Charles Thomas, Dalil Boubakeur et Alain Mamou-Mani, Albin Michel, 2000.
Rien ne vaut la vie, Daniel Radford, 2006.

Table

Avant-propos 7

Dieu le Père ? 9
avec Joseph Sitruk

Le modèle divin 17
avec Joseph Sitruk

« Au commencement... » 27
avec Armand Abécassis

« Je suis l'Éternel ton Dieu... » 43
avec Benjamin Gross

« Tu n'auras pas d'autres dieux... » 59
avec Gilles Bernheim

« Tu ne prononceras pas le Nom de Dieu... » 71
avec Gilles Bernheim

Si loin, si proche... 79
avec Benjamin Gross

Les trois dimensions de l'unité divine 87
avec Benjamin Gross

Les Noms de Dieu 95
avec Michel Gugenheim

« Je serai qui Je serai » 103
avec Marc-Alain Ouaknin

« Trois fois saint » 111
avec Benjamin Gross

Portrait de Dieu en étudiant 119
avec Benjamin Gross

Les *tefillin* de Dieu 127
avec Michel Gugenheim

Ouverture hassidique 137
avec Marc-Alain Ouaknin

Rabbi Nahman de Braslav, le maître de danse 149
avec Marc-Alain Ouaknin

Glossaire 155
Biographie des intervenants
et bibliographie partielle 159

DU MÊME AUTEUR

Un messie nommé Joseph (À Bible ouverte, vol. V), avec Benjamin Gross, Albin Michel, 1983.

L'Étoile de Jacob, avec Bernard Dupuy, Le Cerf, 1989.

La Femme au temps de la Bible, Stock, 1993.

Le *Testament de Moïse* (À Bible ouverte, vol. VI), avec Benjamin Gross, Albin Michel, 1996.

Jacob, Rachel, Léa et les autres (À Bible ouverte, vol. IV), avec Armand Abécassis, Albin Michel (1981), 1996.

Job ou Dieu dans la tempête, avec Élie Wiesel, Fayard, 1998.

L'Homme debout, avec Adin Steinsaltz, Albin Michel, 1999.

À Bible ouverte, avec Armand Abécassis, Albin Michel, 2004 (reprise du vol. I à III).

Le Chandelier d'or, avec Adin Steinsaltz, Verdier, 2006.

ABC du judaïsme, Grancher, 2007.

Histoire moderne du peuple juif, Stock, 2007.

Le Judaïsme pour les nuls, First Éditions, 2008.

Le Livre des religions pour les nuls : la Torah pour les nuls, First Éditions, 2008.

DANS LA MÊME SÉRIE

Déjà paru

La cabbale dans tous ses états
avec Éliane Amado Lévy-Valensi, Henri Atlan,
Daniel Epstein, Roland Goetschel, Joëlle Hansel,
Moshé Idel, Bernard Maruani, Charles Mopsik
et Marc-Alain Ouaknin.

Prochains Volumes à paraître

Fils de roi, fils d'esclave
Un conte de rabbi Nahman de Braslav
avec Daniel Epstein

Les Lettres et l'Esprit : judaïsme et littérature
avec Élie Wiesel, Albert Cohen, Marcel Pagnol,
Claude Vigée, Jacques Attali, Jean d'Ormesson…

Nouvelles lectures talmudiques
avec Daniel Epstein, Daniel Sibony, Michel Gugenheim,
Gilles Bernheim, Abraham Weingort…

Les Secrets de l'alphabet
avec Adin Steinsaltz

EXTRAITS DU CATALOGUE

Spiritualités vivantes / poche

78. *L'Arbre de vie. Introduction à la Cabbale*, Z'ev ben Shimon Halevi.
105. *Tsimtsoum. Introduction à la méditation hébraïque*, Marc-Alain Ouaknin.
116. *Le Puits d'eaux vives. Entretiens sur les Cinq Rouleaux de la Bible*, Claude Vigée et Victor Malka.
180. *Etty Hillesum. Un itinéraire spirituel (Amsterdam 1941-Auschwitz 1943)*, Paul Lebeau.
183. *Les Psaumes*, traduits et présentés par Patrick Calame et Frank Lalou.
185. *Moïse*, Jean Blot.
191. *La Rose aux treize pétales. Introduction à la Cabbale et au judaïsme*, Adin Steinsaltz.
195. *Introduction au Talmud*, Adin Steinsaltz.
205. *Cabale et cabalistes*, de Charles Mopsik.
206. *Jacques, frère de Jésus*, Pierre-Antoine Bernheim.
208. *À Bible ouverte. Le Livre de la Genèse : de la Création à Caïn*, Josy Eisenberg et Armand Abécassis.
214. *Hillel, un sage au temps de Jésus*, Mireille Hadas-Lebel.
217. *Rachi de Troyes*, Simon Schwarzfuchs.
221. *Lévinas, la vie et la trace*, Salomon Malka.
227. *Leçons sur la Torah*, Léon Askénazi (Manitou).
232. *Petites étincelles de sagesse juive*, Victor Malka.
233. *Traité des larmes*, Catherine Chalier.

Espaces libres

35. *Le Christ hébreu. La langue et l'âge des Évangiles*, Claude Tresmontant.
40. *Jésus raconté par le juif errant*, Edmond Fleg.
71. *Moïse raconté par les Sages*, Edmond Fleg.

77. *Le Livre des prénoms bibliques et hébraïques*, Marc-Alain Ouaknin et Dory Rotnemer.
99. *Un juif nommé Jésus. Une lecture de l'Évangile à la lumière de la Torah*, Marie Vidal.
133. *Adieu, Babylone. Mémoires d'un juif d'Irak*, Naïm Kattan. Préface de Michel Tournier.
140. *Les Fleurs de Soleil*, Simon Wiesenthal.
186. *Au dernier survivant. Paroles sur la Shoah*, Daniel Farhi.

Albin Michel Spiritualités / grand format

La Foi des prophètes, Martin Buber, préface de Dominique Bourel.
Sagesse des sens. Le regard et l'écoute dans la tradition hébraïque, Catherine Chalier.
Traité des larmes. Fragilité de Dieu, fragilité de l'âme, Catherine Chalier.
Profession rabbin, Daniel Farhi, entretiens avec G. Jarczyk.
La Sagesse dansante de rabbi Nahman. Biographie d'un maître hassidique, Arthur Green.
Chalom Jésus! Lettre d'un rabbin d'aujourd'hui au rabbi de Nazareth, Jacquot Grünewald.
La Langue de la vérité du rabbi de Gur, suivi de *Penser avec les versets*, par Catherine Chalier.
Les Chemins de la Kabbale, Moshé Idel et Victor Malka.
L'Autre Messie, Israël Knohl.
Le Grand Livre du Cantique des cantiques, Frank Lalou et Patrick Calame.
Les Neuf Portes du ciel. Les secrets du hassidisme, Jiri Langer.
Jésus rendu aux siens, Salomon Malka.
Avons-nous assez divagué..., Lettres à mes amis musulmans, Victor Malka.
Un Arabe face à Auschwitz. La mémoire partagée, Jean Mouttapa.
Judaïsme et franc-maçonnerie. Histoire d'une fraternité, Luc Nefontaine et Jean-Philippe Schreiber.
La Bible oubliée, J. R. Porter, traduction de Gabriel Veyret.

L'Aventure prophétique. Jonas, menteur de Vérité, Ruth Reichelberg.
Le Point intérieur. Méditations sur les lectures hebdomadaires de la Torah, David Saada.
Talmud. Enquête dans un monde très secret, Pierre-Henry Salfati.
Contes hassidiques, commentés par le rabbin Rami Shapiro.
Les Dix Commandements, Joseph Sitruk, Jean-Charles Thomas, Dalil Boubakeur et Alain Mamou-Mani.
Le Juif Jésus et le Shabbat. Une lecture de l'Évangile à la lumière de la Torah, Marie Vidal.
Treize Inconnus de la Bible, Claude Vigée et Victor Malka.

Présences du judaïsme / poche

1. *Être juif à Amsterdam au temps de Spinoza*, Henry Méchoulan.
2. *Théodore Herzl*, Alain Boyer.
4. *La Polémique chrétienne contre le judaïsme au Moyen Âge*, Gilbert Dahan.
5. *L'Hébreu, 3 000 ans d'histoire*, Mireille Hadas-Lebel.
6. *Les Juifs du Pape*, René Moulinas.
7. *Martin Buber*, Pamela Vermes. Avant-propos d'Emmanuel Lévinas.
8. *Le Judaïsme dans la vie quotidienne*, Ernest Gugenheim.
9. *Les Juifs à Paris à la Belle Époque*, Béatrice Philippe.
10. *Les Caraïtes*, d'Emanuela Trévisan-Semi.
11. *Les Juifs dans l'Espagne chrétienne avant 1492*, Béatrice Leroy.
12. *Lévinas, l'utopie de l'humain*, Catherine Chalier.
13. *Les Juifs dans le monde au tournant du XXIe siècle*, Doris Bensimon.
14. *Être juif au Maghreb à la veille de la colonisation*, Jacques Taïeb.
15. *Massada, histoire et symbole*, Mireille Hadas-Lebel.
16. *Albert Cohen ou Solal dans le siècle*, Jean Blot.
17. *L'Opinion juive et l'affaire Dreyfus*, Philippe E. Landau.
18. *Moïse Mendelssohn, un penseur juif à l'ère des Lumières*, David Sorkin.

19. *Abravanel, conseiller des princes et des philosophes*, Roland Goetschel.
20. *Jérusalem, trois millénaires d'histoire*, Renée Neher-Bernheim.
21. *Juda Halévi, d'Espagne à Jérusalem, 1075-1141*, Masha Itzhaki.
22. *La Terre sainte au temps des kabbalistes*, Gérard Nahon.
23. *Être juif en Chine*, Nadine Perront.
24. *Être juif en Provence au temps du roi René*, Danièle Iancu.
26. *Le Yiddish. Histoire d'une langue errante*, Jean Baumgarten.
27. *Les Juifs du silence au siècle d'or espagnol*, Henri Méchoulan.
28. *Tel Aviv, naissance d'une ville, 1909-1936*, Yaakov Shavit.
29. *Les Chrétiens d'origine juive dans l'Antiquité*, Simon-Claude Mimouni.
30. *Les Juifs au temps des croisades*, Simon Schwarzfuchs.
31. *Qu'est-ce que le sionisme ?*, Denis Charbit.
32. *Abraham Heschel, un prophète pour notre temps*, Edward K. Kaplan.

Présences du judaïsme / grand format

Les Temps du partage, tome I, Les Fêtes juives de Pessah à Tich'a Be'ab, Armand Abécassis.
Id., *tome II, Les Fêtes juives de Roch Hachanah à Pourim*, Armand Abécassis.
L'Univers hébraïque, du monde païen à l'humanisme biblique, Armand Abécassis.
Judaïsmes. De l'hébraïsme aux messianités juives, Armand Abécassis.
La Parole et l'Écrit, tome I, Penser la tradition juive aujourd'hui, Léon Askénazi.
Id., *tome II, Penser la vie juive aujourd'hui*, Léon Askénazi.
Walter Benjamin, le rêve de vivre, Ami Bouganim.
Le Temps désorienté, Colloque des intellectuels juifs.
L'Idée d'humanité, Colloque des intellectuels juifs.
Comment vivre ensemble ?, Colloque des intellectuels juifs.
Éthique du jubilé, Colloque des intellectuels juifs.
Le Corps, Colloque du C.J.M.

Monothéismes et tolérance, Colloque du C.R.J.M.
Judaïsme au présent, Emil Fackenheim.
Science et Tradition d'Israël, Jacques Goldberg.
Écrits. Le Renouveau de la pensée juive en France, Jacob Gordin. Préface de Léon Askénazi.
Le Messianisme juif dans la pensée du Maharal de Prague, Benjamin Gross.
Que la Lumière soit. « Ner Mitsvah » du Maharal de Prague, Benjamin Gross.
Les Lumières du retour. « Orot haTeshuva » du Rav Kook, Benjamin Gross.
Un monde inachevé. Pour une liberté responsable, Benjamin Gross.
L'Aventure du langage, Benjamin Gross.
Les Portes de la Loi, Ernest Gugenheim.
Le Judaïsme dans la vie quotidienne, tome II, Études et responsa, Ernest Gugenheim.
Difficile liberté. Essai sur le judaïsme, Emmanuel Lévinas.
Le Talmud et ses Maîtres, tome I, David Malki.
Le Talmud et ses Maîtres, tome II, Les Sages du Yabneh, David Malki.
Manès Sperber, l'espoir tragique, Olivier Mannoni, préface de Jean Blot
Éthique juive et modernité, Alexandre Safran.
Israël et ses racines, Alexandre Safran.
Hommes et Femmes de la Bible, Adin Steinsaltz.
Le Maître de prière. Six contes de rabbi Nahman de Braslav, Adin Steinsaltz.
Les Juifs et leur avenir, Adin Steinsaltz.
Les Églises, diaspora d'Israël ?, Jean Vassal.

Composition Nord Compo
Impression : Imprimerie Floch, mars 2009
Éditions Albin Michel
22, rue Huyghens, 75014 Paris
www.albin-michel.fr
ISBN : 978-2-226-19108-3
N° d'édition : 25764 – N° d'impression : 73496
Dépôt légal : avril 2009
Imprimé en France